1日 30分 행복습관

人一生要養成的50個習慣
作者: 宿春禮. 王彥明
copyright ⓒ 2005 by 中智博文圖書發行有限公司
All rights reserved.

Korean Translation Copyright ⓒ 2007 by YEMUN Publishing Co., Ltd.
Korean edition is published by arrangement with 中智博文圖書發行有限公司
through EntersKorea Co., Ltd, Seoul.

이 책의 한국어판 저작권은 (주)엔터스코리아를 통한
중국의 中智博文圖書發行有限公司와의 독점계약으로 (주)도서출판 예문이 소유합니다.
신 저작권법에 의하여 한국 내에서 보호를 받는 저작물이므로
무단전재와 무단복제를 금합니다.

1日 30分
행복습관

"나는 나를 바꾼다"

쑤춘리, 왕옌밍 지음 | 김락준 옮김

중력처럼
행복을 끌어당기는 힘,
습관

    1928년, IQ 130인 천재 아동 500명을 대상으로 장기적인 연구가 시작되었다. 아이들의 평균 연령은 7세. 연구에 돌입한 학자는 아이들의 성장을 추적했다. 그리고 성인이 된 아이들 중 높은 성과를 거둔 상위 20%와 성과가 없는 하위 20%의 아이들을 분석했는데, 그 결과 놀라운 사실을 발견할 수 있었다. 학습하는 습관에 따라 성인이 된 뒤 극명한 차이를 보인 것이다. 즉, 어려서부터 진취적이고 의지가 강해 뭐든지 배우려 했던 20% 아이들은 성공한 반면, 그렇지 않았던 20% 아이들은 별다른 성과 없이 평범하게 살고 있었다.

    습관은 어떤 행위를 오랫동안 되풀이하는 과정에서 저절로 익혀진 행동 방식, 혹은 자극에 대해서 반복적으로 보이는 고정적인 반응이자 규칙적인 조건반사 활동을 뜻한다. 만약 식사 전에 항상 손을 씻는 버릇이 있다고 해보자. 이 행위가 반복되면 더욱 광범위한 행위와 융합하면서 단순히 손을 씻는 것이 아니라 '청결한

습관'이 된다.

　습관이 무서운 이유는 그것이 일종의 '관성'이기 때문이다. 관성은 지구의 법칙이자, 사과가 나무에서 떨어지는 것처럼 막을 수 없는 에너지이다. 관성이 없다면 에너지가 없는 것과 같다.

　예컨대 정지돼 있는 기차가 미끄러지는 것을 방지하려면 바퀴 앞에 작은 나무토막을 놓으면 된다. 하지만 시속 100km 이상으로 달리는 기차는 앞에 강철 벽을 세워놓아도 정지시킬 수 없다. 관성의 힘은 이처럼 대단하다.

　습관도 마찬가지이다. 잘 웃는다거나 식사 전에 꼭 손을 씻는 것처럼 관성에 의해 어떤 일을 반복하면 이것이 작은 습관으로 굳어지게 된다. 일상생활은 이런 작은 습관이 반복적으로 응용되는 것으로, 사람들은 문제가 생기면 대체로 삶에 깊숙이 뿌리 내려진 습관대로 처리한다. 그래서 종종 운명의 갈림길에 섰을 때조차 '습관적으로' 선택을 내리곤 한다. 습관이야말로 성공에 이르는 가장 실질적인 길이자 실패로 통하는 가장 직접적인 통로라고 하는 것은 바로 이런 이유 때문이다.

| 삶을 바꿀 마지막 기회가 온다면 |

　제이미와 에이드리언은 빈민층 가정의 쌍둥이 형제로 태어났다. 둘은 걸을 수 있는 무렵부터 죽도록 일했으나 가난에서 벗어나지 못했다. 그렇게 나이만 먹어가던 어느 날, 함께 일하던 공장의 폭발사고로 두 사람은 사경을 헤매게 되었다.

'이곳은 천국일까 지옥일까. 결국 이대로 죽게 되는 건가?' 두 사람의 영혼이 저승 길을 헤매던 순간, 눈 앞에 신의 형상이 나타났다.

신은 두 사람에게 말했다. "너희는 다시 이승으로 돌아갈 것이다. 그 전에 너희에게 '기회'를 선물로 주마. 어떤 기회든 원하는 것을 말하면 그것이 이루어지도록 해주겠다."

에이드리언이 망설임 없이 말했다. "부귀영화를 거머쥘 기회를 주십시오."

반면 제이미는 잠시 고민한 후 이렇게 대답했다. "행복해질 기회를 주십시오."

"이것이 너희들의 인생을 변화시킬 최후의 기회가 될 것이다." 신은 이 말을 남기고 사라졌고, 이튿날 두 사람은 혼수 상태에서 깨어났다.

공장의 폭발사고는 거대한 것이었고, 살아남은 것은 두 형제뿐이었다. 미디어의 스포트라이트가 쏟아졌고, 특히 큰 상처없이 깨어난 에이드리언은 어린 시절의 역경과 사후세계의 경험을 털어놓으며 인기를 얻었다. 그는 TV에 출연하고 책을 쓰고 인터뷰를 하며 단시간에 큰 부를 이뤘다.

반면 에이드리언과 달리, 얼굴에 큰 화상을 입은 제이미는 언론과의 접촉없이 소소한 일상을 보냈다. 그러나 그는 살아남은 이후 삶의 매 순간에 감사하는 마음을 가지게 되었으며, 일분일초도 허투로 보내지 않게 되었다. 화상 후유증으로 피부가 쪼그라드는 상황에서도 매일 웃기 위해 노력했다.

그로부터 수 년이 지났다. 에이드리언에 대한 언론의 관심은 금세 시들해졌고, 잠시 손에 쥐었던 부귀영화는 모래알처럼 그의 손아귀를 빠져나갔다. 한편 제이미는 긍정적이고 성실한 태도로 주변 사람들에게 큰 감동을 주었고, 후원자도 생겨 염원하던 대학도 졸업하게 되었다. 비록 얼굴은 흉측하게 일그러졌지만, 그의 미소를 사랑하는 여인을 만나 반려자로 맞이했다.

에이드리언은 사라지는 잔고와 인기를 바라보며 '그래, 처음부터 나는 불행할 수밖에 없는 운명이었어' 라며 절망에 빠졌지만, 제이미는 '왜 이전에는 내가 행복하다는 걸 모르고 불행만 탓했을까. 예전에는 습관적으로 불평불만을 늘어놓았지만, 매사 감사하는 습관을 가지게 된 후 삶이 달라졌어' 라며 행복했다.

혹시 당신도 '난 안 돼. 난 아무리 해도 가난에서 벗어날 수 없어. 난 비참한 운명이야' 라고 습관적으로 생각하고 있지는 않은가? 신이 제이미에게 선물한 행복의 기회는 '나는 세상에서 가장 행복한 사람이야, 기적의 사나이야' 라고 여길 기회, 즉 심리습관을 바꿀 기회였다.

| 당신에게도 기회는 있다 |

습관에는 직접 관찰할 수 있는 신체적인 습관과 간접적으로 추측할 수 있는 심리적인 습관이 있다. 특히 한번 형성된 심리적인 습관은 지속적으로 작용하기 때문에 성격은 물론, 인생 전반에 걸쳐 지대한 영향을 끼친다.

때문에 공자는 《논어》에서 '성상근 습상원야性相近 習相遠也, 소소약천성 습관성자연少小若天性 習慣成自然' 이라고 했다. 타고난 바탕은 서로 가깝지만 습관 때문에

서로 멀어지고, 어려서부터 길러온 좋은 습관은 천성처럼 굳어진다는 것이다.

그렇다면 성인이 된 후에는 나쁜 습관을 버리고 좋은 습관을 기르는 것이 불가능할까? 그렇지 않다. 인생을 바꿀지도 모르는, 좋은 심리습관을 만드는 방법은 분명히 있다.

첫째, 습관이 형성되는 초기에 모든 에너지와 열정을 쏟아 부어야 한다.

새로운 습관의 길을 닦는 첫 걸음은 어려울 수밖에 없다. 하지만 그 길을 최대한 깨끗하고 분명하게 닦으려고 노력하면 다음에는 그 길을 쉽게 찾을 수 있다. 기억하라. 처음 습관을 형성할 때에는 모든 유혹을 견뎌내고 에너지와 열정을 쏟아 부어야 한다는 사실을.

둘째, 최대한 새로운 길을 걸으려고 노력해야 한다.

기회가 올 때까지 기다리지 말고 스스로 기회를 만들어 새로운 길을 걸어야 한다. 새로 만든 길이라도 계속 걷다보면 땅이 평평해져 나중에는 걷기 쉬워진다. 따라서 처음부터 계획적으로 새로운 습관의 길을 걸으려는 노력이 필요하다.

셋째, 익숙함에 대한 유혹에서 벗어나라.

유혹은 이겨낼수록 더욱더 강해지며 앞으로의 유혹에서도 더욱 자유로워질 수 있다. 반면 유혹에 굴복할수록 앞으로 유혹에서 벗어나기는 더욱 힘들어진다. 특히 심리상태는 의식과 무의식 양면에서 익숙함의 유혹을 받는다. 이럴 때는 반드시 의지력과 집중력을 발휘해 이겨내야 한다. 익숙해서 편안하게 여겨지더라도, 옛 것은 모두 잊고 현재 새로 닦고 있는 길만 생각하라. 자꾸 뒤돌아보면 앞으로 나아가지 못한다.

| 생각을 현실로 만드는 힘, '습관'에 답이 있다 |

습관과 자기암시 사이에는 밀접한 관계가 있다. 습관적으로 어떤 일을 반복하면 의식적으로든 무의식적으로든 비슷한 상황에서 자연스럽게 그 행동이 나오게 된다. 자판을 보지 않아도 능숙하게 키보드를 두드릴 수 있는 것도 이러한 이유에서다. 심리 역시 반복적인 훈련을 통해 일종의 '습관'으로 굳어질 수 있는데, 이때 내면을 훈련시키는 도구가 바로 자기암시이다.

자기암시가 심리의 길을 닦는 도구라면 집중력은 이 도구를 잡는 손이고 습관은 심리의 길이 완성된 모습이라고 할 수 있다. 생각과 욕망을 현실로 만들고 싶은가. 그렇다면 같은 생각을 의식적으로 반복해 습관이 되도록 하라.

단, 부정적이거나 회의적인 생각으로는 꿈을 이룰 수 없다. 행운은 자신의 운명을 긍정하는 사람에게 찾아오며, 세상은 자신을 돕는 이를 돕는다. 이것이 바로 '성공을 끌어당기는 우주의 법칙'이다. 이 법칙을 사용하기 위해서는 긍정적인 자기암시를 통해 좋은 심리습관을 만들 필요가 있다.

이 책은 총 31일에 걸쳐 긍정적 심리습관을 만들도록 도와준다. 31개의 챕터는 각기 하루 분량으로, 그날의 주제인 키워드와 심리습관을 바꿀 긍정암시문 그리고 이와 관련된 스토리로 이루어져 있다. 하루 한 번 30분씩, 한 챕터를 읽고 난 후 챕터의 제목이기도 한 암시 문구를 마음에 새겨라. 속으로 외워도 좋고 직접 입으로 소리 내어 말해도 좋다. 긍정암시에 설득력과 필요를 부여해주는 본문의 스토리가 암시문과 맞물려, 당신의 내면에서 놀라운 화학작용을 만들어낼 것이다. 이렇게 해서 한 달이 지나고 나면 좋은 심리습관이 자리 잡게 된다. 스스로를 도와 운명을 바꿀 준비가 끝난 것이다!

인간의 유일한 한계는
머릿속에 미리 한계를 설정하는 것이다.

- 나폴레온 힐(Napoleon Hill)

contents

프롤로그 | 중력처럼 행복을 끌어당기는 힘, 습관 4

PART 1 긍정의 습관

Day 01 **자신감** | 나는 자신의 능력을 믿는다 16
Day 02 **목표** | 나는 내가 진정 원하는 것이 무엇인지 안다 23
Day 03 **용기** | 나는 도전을 즐기는 현명한 모험가이다 29
Day 04 **극기** | 나는 나 자신을 이겨내고 승리할 것이다 36
Day 05 **끈기** | 나는 해낸다, 내겐 끝까지 해낼 저력이 숨어있다 42
Day 06 **극복** | 괜찮다, 어떤 일이 닥쳐도 나는 괜찮다 49
Day 07 **미소** | 미소 지을 때마다 자신감이 생기며 점점 더 행복해진다 56

PART 2 성취의 습관

Day 08 **시간관리** | 지금 이 순간이 나의 내일을 결정한다 64
Day 09 **공부** | 나는 항상 배우며 더 큰 사람이 될 것이다 70
Day 10 **몰입** | 나는 내 일을 사랑하며 이 일에 열중한다 77
Day 11 **세심함** | 나는 섬세하고 완벽하게 일을 처리한다 82
Day 12 **실행** | 하루 한 가지, 꿈을 현실로 만들기 위해 노력할 것이다 88
Day 13 **자기PR** | 나는 사람들에게 호감을 주는 매력적인 사람이다 93
Day 14 **휴식** | 아주 편안하다, 피로가 풀리고 활력이 솟아난다 99

PART 3 소통의 습관

- **Day 15 감정제어** | 나는 내 감정의 주인이다 106
- **Day 16 의사표현** | 나는 내 의견을 당당하게 말할 수 있다 113
- **Day 17 인정** | 반성하고 인정함으로써 나는 날마다 나아진다 119
- **Day 18 경청** | 나의 마음과 귀는 언제나 들을 준비가 되어있다 126
- **Day 19 신의** | 나는 신중하고 신뢰할 수 있는 사람이다 132
- **Day 20 친밀** | '우리'라고 말할 때마다 점점 더 행복해진다 139
- **Day 21 존중** | 나는 늘 겸허한 태도로 모든 만남에 감사한다 142

PART 4 행복의 습관

- **Day 22 자립** | 나는 강하고 독립적인 사람이다 152
- **Day 23 만족** | 나는 항상 좋은 면을 먼저 보며 감사한다 158
- **Day 24 낙관** | 나의 마음은 밝고 낙관적인 에너지로 가득하다 163
- **Day 25 균형** | 숨쉴 때마다 스트레스와 피로가 빠져나가 몸과 마음이 편안해진다 170
- **Day 26 용서** | 나의 내면은 깊은 평화와 자애로 가득 차 있다 175
- **Day 27 인내** | 나는 고독이 더 큰 성장을 가져다줄 것임을 안다 180
- **Day 28 발전** | 나는 날마다 모든 면에서 더 나아지고 있다 185
- **Day 29 평화** | 나의 마음은 햇살이 비치는 잔잔한 호수와 같이 평화롭다 189
- **Day 30 포용** | 너그러운 마음과 말투가 좋은 일을 부른다 196
- **Day 31 감사** | 지금 이 순간, 사소한 모든 것에 감사한다 205

Part 1
긍정의 습관

Day 1 자신감

나는 자신의
능력을 믿는다

톰 뎀프시Tom Dempsey는 태어날 때부터 왼쪽 다리의 길이가 다른 사람의 반 정도밖에 되지 않았고 오른팔도 기형이었다. 하지만 그의 부모는 아들이 장애인이라는 이유로 남과 다르게 키우지 않았다. 덕분에 그는 여느 남자 아이들이 할 수 있는 일이면 모두 할 수 있었다. 예를 들어 다른 보이스카우트 단원들이 16km를 행군하면 그도 똑같이 16km를 행군했다.

고등학교에 들어가면서 톰은 미식축구를 배우게 되었는데, 거기서 자신이 다른 아이들보다 공을 더 멀리 찬다는 사실을 깨달았다. 그는 특수신발을 제작하여 열심히 연습했고, 뉴올리언스 세인츠 팀에 입단을 신청했다.

감독은 진땀을 빼며 톰에게 다른 길을 찾아보도록 권유했다. 프로 선수로 활동하기에는 아무래도 신체조건이 부적합하다는 것이 이유였다. 그러나 톰은 감독에게 제발 한 번만 기회를 달라고 간곡히 부탁했다. 감독은 그의 실력에 의구심이 들었으나, 불리한 신체조건에도 불구하고 자신감 있는 태도에 호감이 생겨 일단 팀에 입단시켰다.

2주 후, 톰을 향한 감독의 호감은 더욱 깊어졌다. 친선경기에서 그가 55야드짜리 득점을 한 것이다. 이는 톰 혼자 올린 득점으로, 그 해 시즌 그는 총 99득점을 올렸다.

그리고 얼마 후 이어진 경기에서, 톰은 인생 최고의 날을 맞이했다.

경기장은 6만 6천여 명의 관중으로 꽉 차 있었고, 경기 종료를 불과 몇 초 남겨둔 상황에서 그는 28야드 지점에 있었다. 이때 같은 팀 선수가 공을 45야드 지점까지 던졌고, 감독은 소리쳤다.

"톰! 달려!"

톰은 달려가 공을 잡았다. 그 자리에서 득점을 하려면 최소한 54야드를 던져야 했다. 마침내 공은 톰의 손을 떠났다. 과연 그가 공을 그렇게 멀리까지 던질 수 있을까? 관중이 모두 숨을 죽이고 지켜보는 가운데 공은 그대로 날아가 불과 몇 인치 차이로 골문을 통과했다.

곧이어 심판이 두 손을 들어 3점 득점을 알렸고, 이로써 뉴올리언스 세인츠 팀은 19대 17로 승리를 거두었다. 관중석의 미식축구 팬들은 톰이 성공시킨 마지막 골에 열광했다. 이것이 과연 외다리에 기형적인 오른팔을 가진 선수가 이뤄낸 쾌거란 말인가.

"믿을 수가 없어."

사람들은 감탄해마지 않았다. 하지만 톰은 그저 조용히 웃으며 부모님을 떠올렸다. 그가 대단한 기록을 세울 수 있었던 것은 늘 그에게 '남들이 하는 일이면 뭐든지 할 수 있다'는 자신감을 불어넣어준 부모님이 있었기 때문이었다. 그는 말했다.
"부모님은 한 번도 제게 '할 수 없다'는 말씀을 하신 적이 없습니다."

| 인생을 변화시키는 첫 번째 키워드, 자신감 |

진정한 자신감은 자신을 고귀하게 여기는 것도, 대단하게 여기는 것도 아니며, 득의양양해하는 것도, 항상 자신이 옳다고 맹목적으로 낙관하는 것도 아니다. 자신의 강점을 제대로 알고 그것을 나타내는 것이다. 자신감은 내면의 실력을 믿고 실제 능력으로 표현하는 것으로, 자신의 능력과 일의 방향을 정확하게 파악할 수 있게끔 하는 요소이다.

성공한 사람들에게 그 비결을 묻는다면 단연 첫째로 꼽히는 것이 바로 '자신감'이다. 세계적인 호텔의 창시자, 콘래드 힐튼Conrad Hilton은 성공의 요인이 무엇이냐는 질문에 '자신을 믿는 신념'이라고 대답했다.

나폴레온 힐Napoleon Hill도 말했다. "자신감은 에너지를 만듭니다. 강한 자신감으로 부의 바퀴를 굴리면 분명 높은 곳에 오를 것입니다."

스스로 자신을 믿어야 다른 사람도 당신을 믿는다. 자신감으로 스스로가 규정하고 있는 자신의 이미지부터 변화시켜라. 그러면 걷는 자세를 비롯해 말과 행동에서도 그것이 드러나고 마음에 여유가 생겨 한결 기쁘고 즐겁게 살 수 있다. 또한 모든 일에 에너지와 열정이 충만해져 주변 사람들도 즐겁게 도울 수 있다.

자신감이 있는 사람은 절대적인 성공의 자본을 소유한 것이나 다름없다. 이는 저축과도 같아서, 자신감이 없으면 저축해 놓은 성공 자본이 없는 것이나 마찬가지다. 질책과 조소에 자신 있게 대처하지 못하고, 전통과 권위의 도전에 맞서지 않았다면 과연 에디슨은 백열등을, 모스는 전보를, 벨은 전화기를 발명할 수 있었을까?

퀴리 부인Marie Curie은 말했다.

"삶을 살기가 쉽지 않죠. 하지만 어떡합니까? 우리는 어려움이 있어도 평정심을 잃지 말고 자신 있게 살아야 합니다. 우리의 재능은 쓸모 있는 일을 하라고 있는 것입니다. 어떠한 대가를 치러서라도 말이죠."

| '나는 안 돼'에서 '나는 무엇이든 할 수 있어'로 |

누군가는 말했다. 인격을 잃는 것 다음으로 인생에서 가장 큰 손실은 자신감을 상실하는 것이라고. 자신감을 잃으면 모든 일에 성공의 희망과 가능성이 꺾인다. 마치 척추가 없으면 허리를 꼿꼿이 펼 수 없는 것처럼 말이다.

사람은 자신감을 가져야 한다. 자신의 지혜와 능력을 믿고 뭐든지 잘 할 수 있다고 믿어야 한다. 일상생활에서나 일을 할 때 어려움과 좌절을 겪어도 자신 있게 모든 역경을 헤치고 성공할 수 있다고 믿어야 한다.

그런데 자신감을 얻기 위해서는 먼저 해결되어야 할 문제가 있다. 바로 열등감을 극복하는 것이다. 심리학에서는 모든 사람들이 자신에 대해 어느 정도 잘못된 인식을 가지고 있다고 말한다. 열등감은 지나치게 자아를 부정할 때 생긴다. 즉 어떤 방면에서 자신의 능력이 남보다 떨어진다고 생각하여 스스로 무시하는 소극적인 심리인데, 이는 부정적인 자기암시를 낳는다.

열등감에 시달리는 사람들은 "나는 안 돼" "나는 할 수 없어"라고 말하며 능력, 지식, 인격과 같은 자신의 소양을 지나치게 낮게 평가한다. 이들은 일상생활에서 위축되고 겁을 내며 심리적인 수용력도 떨어져 강한 자극을 이겨내지 못하고 걱정이 많다.

이런 생활이 장기적으로 이어지면 모든 면에서 남보다 뒤처진다고 생각하여 사람들이 자신을 무시할까봐 민감해지고 의심이 많아지며 쉽게 화를 내는 등 성격도 괴팍해진다. 사람들과의 교제도 줄고 모든 일에 소극적으로 변한다. 자신을 약자라고 생각한 나머지, 성공하려는 의지를 잃고 피동적으로 행동하여 최대한 책임을 회피하려고 하는 것이다.

인생을 순탄하게만 사는 사람은 없다. 누구나 살면서 온갖 어려움과 좌절을 겪게 마련인데, 이 때문에 어떤 사람들은 열등감에 사로잡히게 된다. 하지만 때로 열등감은 거대한 원동력이 되기도 하고, 커다란 실패의 요인이 되기도 한다. 이때 중요한 것은 열등감에 대처하는 자세이다. 열등감은 얼마든지 자신감으로 바뀔 수 있다. 자신감을 가지는 것은 열등감을 없애고 성공에 다가서는 가장 효과적인 방법이다. 자신감을 가지는 습관을 키우려면 반드시 모든 일을 해내고 말겠다는 신념을 가져야 한다.

| **자신감 넘치는 내가 되는 방법** |

첫째, "나는 할 수 있어"라고 외쳐라!

과감하게 반복적으로 외친다. 특히 어려운 상황일수록 더더욱 이 방법을 써야 한다. 아침에 일어나서, 마음이 지칠 때, 일상생활 속에서, 복잡한 문제가 생겼을 때, 잠자기 전에도 반복적으로 외치면 이는 자신에 대한 적극적인 암시가 된다. 결국 서서히 자신감이 생기고 마음의 에너지가 샘솟을 것이다.

둘째, 즐거운 일을 생각하라.

누구에게나 즐거운 일이 있을 것이다. 즐거운 일은 대체로 당신이 성공을 거둔 일로, 자신감과 에너지의 산물이다. 즐거운 일을 많이 생각하면 자신의 가치를 바르고 긍정적으로 평가할 수 있다.

셋째, 언제 어디서나 미소를 잃지 마라.

미소는 자신감과 여유의 표현이다. 미소는 자신감과 에너지를 불러내고, 즐거움을 주고, 기운을 북돋고, 걱정을 잊게 하고, 힘든 상황에서 벗어나게 해준다. 자신감이 없는 사람은 늘 걱정에 사로잡혀 표정이 어둡고 생기가 없으며 눈빛에 힘이 없다. 반면에 자신감이 넘치는 사람은 눈을 반짝이며 얼굴에 미소를 띤다.

넷째, 고개를 들고 가슴을 펴라.

자세와 마음가짐은 상호 영향을 미친다. 자신감이 넘칠수록 고개를 높이 들고 가슴을 편다. 성공한 사람, 당당한 사람, 승리를 거둔 사람들에게서 이러한 자세를 볼 수 있다. 반면에 자신감이 없고 열등감에 시달리는 사람은 꼿꼿이 고개를 들지 못하고 항상 기운이 없다. 어색해하지 말고 자연스럽게 고개를 들고 가슴을 펴면 자신감이 솟을 것이다.

다섯째, 적극적으로 사람들을 만나라.

미소 띤 얼굴로 안부를 주고받으면 인간적인 따뜻함과 정을 느낄 수가 있다. 이런 감정은 사람에게 에너지를 주고 자신감을 높여준다. 사람을 만나거든 먼저 인사하고 먼저 다가서라. 자신감이 없는 사람은 다른 사람이 항상 먼저 다가오길 기다리다 오히려 상처만 받고 더욱 열등감에 휩싸인다. 적극적으로 사람을 대하다 보면 자신감도 생기기 마련이다.

Day 2 목표

나는 내가 진정 원하는 것이 무엇인지 안다

한 무리의 모충毛蟲들이 길게 줄을 지어 나무를 오르고 있었다. 자세히 보니 그들은 무작정 대장 모충을 따라가는 중이었다. 대장이 목표물인 먹잇감을 찾자 모두 제자리에 멈춰 맛있게 열매를 갉아먹었고, 대장이 출발하면 모두 앞만 보고 따라갔다.

이때 이 광경을 유심히 지켜보던 사람이 모충들을 대상으로 한 가지 재미있는 아이디어를 떠올렸다. 대장 모충을 무리에 섞어놓으면 나머지 모충들이 어떻게 반응할지 궁금했던 것이다. 그는 화분 안에 그들이 좋아하는 열매를 놓아두고, 모충들을 큰 화분 둘레로 옮겼다. 모충들은 대장 모충을 따라 화분 둘레를 빙빙 돌기 시작했다. 이때 대장 모충을 집어들어 모충 대열의 가운데 끼워 넣었다. 대장이 멈춰야만 자리에서 흩어져 먹이를 먹는 이 벌레들은 과연 어떻게 되었을까?

실험을 한 사람은 시간이 지나 배가 고파지면 모충들이 '행진'을 멈추고 흩어져 열매를 먹을 것이라고 생각했다. 하지만 그의 예상은 완전히 빗나갔다. 뜻밖에도 대장 노릇을 하던 모충마저도 멈추지 않고 계속해서 앞에 있는 모충의 꽁무니만 쫓았던 것이다. 결국 몇 날 며칠을 멈추지 않고 계속해서 화분 둘레를 빙빙 돌던 모충들은 모두 굶어 죽고 말았다.

불쌍한 모충들의 이야기를 통해 우리는 한 가지 깨달음을 얻을 수 있다. 목표 없이 행동하는 것은 그저 죽음을 향해 달려가는 것이나 마찬가지라는 점이다.

ㅣ목표는 인생을 풍요롭게 해준다ㅣ

어린 시절에 누구나 한번쯤은 훌륭한 위인들의 전기를 읽으면서 그들을 본받아야겠다고 생각한 적이 있을 것이다. 물론 그 결심이 끝까지 지켜지는 경우는 거의 없었지만 적어도 목표가 있었던 것만은 분명하다.

목표를 달성하기란 쉬운 일이 아니다. 목표를 성공적으로 달성하기 위해서는 작은 일이라도 굉장한 노력을 쏟아야 한다. 그럼에도 사람들은 도전을 비롯해 학습과 성공이 안겨주는 자극과 성취감을 좋아한다. 그래서 우리는 아기 때부터 걷고 말하는 것 외에도 간단해 보이는 많은 것들을 배워왔다.

목표는 청춘과 행복을 유지시켜준다. 미국의 한 통계자료에 따르면, 남성들은 은퇴하고 2년 후에 가장 많이 사망한다고 한다. 왜 그럴까? 평생을 일하며 살아오다 별안간 그 생활의 틀에서 벗어나는 바람에 하루하루의 목표가 없어지면서 삶의 의미를 잃거나 살고자 하는 소망이 사라졌기 때문이다. 그 결과 질병에 대한 저항력이 떨어져 몸이 쇠약해지는 것이다.

미국의 한 심리학자는 노인전문요양원에서 재미있는 사실을 발견했다. 명절이나 결혼기념일, 생일과 같은 특별한 날에는 사망률이 감소했다가 그날이 지나면 사망률이 급격히 늘어났던 것이다. 이유는 이러했다. 요양원의 노인들은 저마다 다음 해의 크리스마스, 기념일, 축제를 보내기 위한 목표를 세우고 있었다. 하지만 고대하던 날이 지나고 목표와 소망이 실현되거나 사라지고 나면 계속 살고 싶은 의지가 약해져 사망률이 급격히 증가했다.

인생에 목표가 없는 사람은 쉽게 우울, 공포, 고민, 자기연민과 같은 정서의 굴레에 갇힌다. 이런 나약한 정서는 돌이킬 수 없는 실수, 실패, 불행, 상실을 초래한다. 경쟁사회에서 연약한 사람은 결코 자신을 보호할 수 없다.

물론 목표를 추구하는 과정에서 노력한 것이 무색할 만큼 연이은 실패를 경험할 수도 있다. 그러나 이는 강인해지기 전에 연약함을 이겨내는 자연스러운 과정이다. 그대로 무너지면 안 된다. 이를 통해 강인함을 길러내야 한다. 이는 장래의 성공을 가늠할 수 있는 척도로 미래의 에너지와 성공을 창조하는 새로운 시발점이 된다.

아직 적합한 목표를 세우지 못했는가? 그러면 작고 초라한 것이라도 좋으니 눈앞에 당면한 임무부터 완수하자. 사소한 일부터 목표 삼아 이뤄나가다 보면 점차 과감해지고 열정이 솟아나 서서히 발전을 꾀할 수가 있다. 이렇게 자신의 일을 성취해 나가는 것에 익숙해지면 더 이상 못해낼 일이 없다.

목표 없이 나약하고 한심하게 보낸 지난날을 떨쳐버리고 자신을 위한 목표를 세우는 것은 성공자의 무리에 동참하는 것이나 다름없다. 일단 인생의 목표를 세운 뒤에는 더 이상 고민하지 말고, 마음에 성공으로 통하는 고속도로를 그려 목표를 향해 질주하라.

| 내면이 진정으로 원하는 것을 발견하라 |

당신이 진심으로 원하는 것은 무엇인가? 간단한 질문이지만 결코 대답하기 쉽지 않을 것이다. 살면서 자신이 진실로 원하는 것을 얻기 위해서는 굉장한 노력과 열정이 필요하다. 하지만 이것을 행동으로 옮기기 전에 분명하게 알아야 할 것은 '과연 자신이 진정으로 원하는 것이 무엇이냐' 하는 것이다.

살면서 가장 어려운 일은 바로 자신이 무엇을 원하는지 정확히 아는 것이다. 대부분의 사람들은 자신이 무엇을 필요로 하는지 모른다. 따로 시간을 내어 생각해 본 적이 없기 때문이다. 수많은 선택 앞에서 자신이 진정 원하는 것이 어떤 것인지 몰라 결정을 내리지 못한다. 그래서 무심결에 타인의 소망을 자신의 필요와 이루어야 할 성공으로 정의 내리고, 어느새 사회 기준의 변화를 자신의 필요보다 더욱 중요하게 받아들인다.

무슨 일이든 열심히 하는 것은 좋다. 하지만 그 일이 원래 자신의 뜻에 맞지 않는 것이라면 어떨까? 과연 자신의 삶을 위해 어떤 일을 했다고 할 수 있을까? 삶의 질을 높이고 성장할 수 있는가는 자신이 필요로 하는 것을 제대로 알고 그 필요를 만족시키는가에 달려 있다. 우리는 이렇게 저렇게 하라는 사람들의 소리를 너무 의식하고 무의식 중에 타인이 강요한 갖가지 일들을 받아들인다. 그리고는 열심히 노력한 뒤에 뒤늦게 자신의 필요를 전혀 만족시키지 못했음을 알아차린다.

더욱 복잡한 사실은 우리의 욕망이 끊임없이 다른 사람의 영향을 받을 뿐더러 자신도 예측할 수 없게 변한다는 것이다. 잠재의식이 원하는 것이 알 수 없는 영향을 받아 수시로 변하기 때문이다. 그래서 늘 불필요한 것까지도 원한다. 때로는 원하는 것이 너무 많아 선택이 힘들 때도 있다.

늘 자신이 원하는 것을 얻지 못한다면 이는 자신이 원하는 것을 확실하게 모르기 때문이다. 목적지 없이 항해하면 망망대해를 떠돌며 갖은 고생을 하고도 얻는 것이 없게 된다. 진정으로 자신이 원하는 것을 알기 전에는 성급하게 결론을 내려서는 안 된다. 반드시 진지하게 생각하는 시간을 가져 자신을 이해한 다음에 목표를 세워야 한다. 그래야 확신을 가지고 앞으로 나아갈 수가 있다.

| 목표는 반드시 종이에 적어라 |

어쩌면 당신은 이런 의문을 품을지도 모른다. "목표를 적는 것이 뭐 그리 중요한가요? 마음에 품고 있다는 게 더 중요한 거 아닌가요?"

물론 마음속에 목표를 품는 것이 첫째다. 하지만 일단 종이에 목표를 적으면 마음이 확고해져 머리에 이런 명령이 떨어질 것이다. '열심히 노력해서 꼭 목표를 달성하라!'

잠재의식은 목표를 실현시키는 강력한 힘을 가지고 있다. 그래서 일단 목표가 성공적으로 잠재의식에 인식되면 절반은 성공한 것이나 다름없다. 잠재의식의 참신하고 강한 힘은 모든 수단을 동원해서 목표를 실현하도록 도울 것이다.

잠재의식은 지혜의 기반이요, 에너지의 위대한 저장고요, 창의력의 원천이다. 그런데 잠재의식에 판단력이 있을까? 이 점에 대해서는 잘 생각해볼 필요가 있다. 판단력은 더 이상 망설이지 않고 진지하게 책임 있는 태도로 결정을 내리는 것이다. 즉 목표를 끝까지 완수하겠다고 결심하는 것이다. **종이에 목표를 또박또박 적는 것은 진지하게 목표에 책임지는 것, 다시 말해서 목표를 향해 첫걸음을 내딛는다는 의미를 지닌다.**

목표는 극복해야 할 장애가 아니다. 목표는 강력한 발전기와 같아 에너지와 희망과 실현하고픈 열정을 만들어낸다. 오히려 삶의 원천을 얻어 진심으로 기뻐할 일이다. 인생은 너무나 짧다. 오늘부터 목표를 세워 행동으로 옮겨보자.

Day 3 용기

나는 도전을 즐기는 현명한 모험가이다

영국의 작은 마을에 사는 잭은 줄곧 광활한 바다를 보고 싶어했다. 우연히 그 기회가 찾아와 바다에 도착했을 때, 해변의 날씨는 매우 춥고 안개마저 자욱했다. 그는 생각했다. '그토록 보고 싶었던 바다가 겨우 이거란 말인가?'

희망과 절망이 교차되었다. 험악한 소리를 내며 높이 치는 파도를 보자 그의 머릿속에는 이런 생각이 떠올랐다. '더 이상 바다를 동경하지 않을래. 선원이 되지 않은 게 천만 다행이군. 정말 위험할 뻔했어.'

잭은 그렇게 안도하며 해변을 거닐었다. 그러다 우연히 만난 선원에게 그가 물었다. "당신은 왜 바다에서 일하죠? 이렇게 안개도 자욱하고 춥고 음산한 곳에서 말이에요."

그러자 선원이 대답했다. "늘 그런 건 아니에요. 찬란한 빛이 반짝이고 아름다울 때도 있습니다. 전 날씨에 상관없이 바다의 여러 모습을 다 사랑해요."

"실례지만 당신의 아버지는 어디 계시나요?"

잭이 물었다.

"바다에서 돌아가셨어요."

"할아버지는요?"

"대서양에서 돌아가셨습니다."

"형은요?"

"인도의 어떤 강에서 수영을 하다가 악어에게 잡혀 먹었어요."

"그렇군요."

잭이 다시 말했다.

"가족들의 불행에서 교훈을 얻지 못한 모양이군요. 제가 당신이라면 영원히 바다에 나가지 않겠어요. 아니, 물 근처에도 가지 않겠어요!"

선원이 물었다.

"그럼, 당신 아버지는 어디서 돌아가셨는지 물어봐도 될까요?"

"침대에 누워 주무시다 아주 평화롭게 돌아가셨지요."

잭이 대답했다.

"당신 할아버지는요?"

"음, 역시 침대에서 주무시다가요."

그러자 선원이 말했다.

"제가 당신이라면 결코 침대에 눕지 않겠네요."

| 초가삼간 태울까 두려워하면 빈대조차 잡을 수 없다 |

태평양 선박회사의 회장 제임스는 실수를 두려워하면 왜 큰일을 할 수 없는지 다음과 같은 예를 들어 설명했다.

"몇 년 전, 어느 대기업에 큰 사업을 논하러 갔을 때였죠. 그쪽 회장과 한창 의논 중에 연구원이 보고를 하러 사무실에 들어오지 않겠습니까? 알고 보니, 회장이 직접 지시한 프로젝트에 관한 보고서더군요. 전 그때까지 그렇게 잘 작성된 보고서를 본 적이 없었어요. 거의 완벽에 가깝다고나 할까요. 여러 가지 방안에 따른 복잡한 문제를 예상되는 결과에 따라 일목요연하게 분석했더라고요. 마치 투명한 유리 속을 들여다보듯이 말이죠.

그쪽 회장이 놀랍지 않느냐고 물으며 그 연구원의 머리가 자신보다 두 배는 더 좋을 거라고 말했어요. 매번 매우 놀라운 해결방법을 찾을 뿐만 아니라 인간적으로도 괜찮은 사람이라고 칭찬하면서요.

하지만 그가 방을 나간 뒤, 이어서 말했죠. 그는 영원히 연구원밖에 할 수 없을 것이라고요. 스스로 결단을 내리지 못하니까요. 그는 문제에 따라 예상되는 결과를 완벽히 도출하고도 막상 어느 방법을 따라야 할지 결론짓지 못해 결국은 회장이 시키는 대로 따르기만 한다는군요."

제임스의 말은 틀리지 않다. 여러 갈래의 길을 제시하더라도 정작 어느 길을 걸어가야 할지 위험을 받아들이고 스스로 선택하지 못하면 큰 성공을 거둘 수 없지 않은가.

모든 조건이 완비된 뒤에, 실수가 없을 완벽한 상황에서만 결정하려 하다가는 영원히 제자리걸음만 하게 된다. 누구나 실수할 수 있다. 다만 현명한 사람은 늘 두뇌가 깨어 있어 실수가 두려워 아무것도 안 하는 것이 아니라 미리 예방하려고 노력할 뿐이다.

| 어차피 인생은 하루하루가 모험이다 |

인생은 어차피 한치 앞을 모르는 모험의 연속이다. 이때 모험의 결과가 좋지 않은 사람들은 말한다. "역시 가만히 있는 게 제일 안전해."

어느 길로 떠나든 모험은 늘 따른다. 작게는 짐을 잃어버리는 것에서 끝나지만 어느 날 갑자기 인질로 잡힐 수도 있고 자칫 낭떠러지로 떨어질 수도 있다. 많은 사람들이 평생을 안정적으로 보내기를 원한다. 일상생활에서든 사업에서든 가능한 한 모험을 피하려고 한다. 하지만 횡단보도를 건널 때, 바다에서 수영할 때, 비행기에 탑승할 때도 모험이 늘 뒤따른다는 사실을 아는가?

인류의 역사가 시작된 이래 인류는 모험과 떼려야 뗄 수 없는 매우 밀접한 관계를 맺어왔다. 지금껏 수없이 많은 홍수와 화산폭발이 인류의 터전을 초토화시켰지만 그때마다 인류는 계속해서 같은 땅위에 마을과 국가를 재건했다. 태풍, 지진, 회오리바람, 산사태와 같은 자연재해가 일어나도 인류는 또다시 발생할지도 모를 위험에 용감하게 맞섰다.

우리는 늘 이러저러한 모험에 처해 있다. 길을 건너려면 반드시 길의 건너편까지 걸어가야 하고 다른 곳으로 이동하기 위해서는 자동차, 비행기, 배와 같은 교통수단을 이용해야 한다. 모험 없는 삶은 있을 수 없다. 물론 모든 모험이 서로 구별되지 않는다는 뜻은 아니다. 현명한 모험과 바보 같은 모험은 분명히 다르다. 성공을 꿈꾼다면 반드시 두 종류의 모험에 어떤 차이가 있는지 알아야 한다.

허리에 줄을 매고 높은 다리나 빌딩에서 번지점프를 하거나 나이아가라 폭포 밑에서 카누를 타거나 폭주족처럼 오토바이를 타는 것은 분명 바보 같은 모험이다. 물론 의견을 달리 하는 사람들도 있을 테지만.

그렇다면 무엇이 현명한 모험일까? 사장실에 들어가 임금 인상을 요구하는 것은 현명한 모험이라고 할 수 있다. 어쩌면 임금이 높아질 수도 있기 때문이다. 실패할 수도 있지만 모험을 아예 하지 않으면 임금이 올라가는 일은 결코 없을 것이다. 안정된 수입을 포기하고 부를 축적할 수 있는 도전적인 일을 추구하는 것도 마찬가지다. 원하는 일을 찾지 못해 원래의 일을 포기한 것을 후회할 수도 있다. 하지만 현실에 안주해서는 더 나은 내일이 있다는 사실을 알 수가 없다.

일이든 생활이든 모든 방면에서 현명한 모험을 하라. 모험을 하기에 앞서 반드시 어떤 성격의 모험인지 분명하게 인지하고 진지하게 시간과 돈, 에너지, 희생, 양보와 같은 득실을 따져라. 실수하는 것을 두려워하면 인생은 파도 한 번 치지 않는 고인 물이 되어 깨끗한 물이 솟아나기는커녕 점점 흐려질 것이다.

모험은 상황을 고려하지 않고 욕망만 따르는 맹목적인 행위가 아니다. 반드시 실현 가능한 목표를 세우고 상황을 과학적으로 분석해야 하며 객관적인 입장에서 판단해야 한다. 그리고 나서 에너지를 축적해 대응전략을 구사하고 실질적인 행동에 들어가는 것이다. 그렇지 않으면 그야말로 '무모한 모험'이 될 것이다.

| 모험을 할 때 지켜야 할 원칙 |

첫째, 모험의 목표를 세워라.

실현가능한 목표를 세우는 것은 성공을 위한 전제조건이다. 목표가 없으면 모험의 방향을 잡을 수 없어 결국 맹목적인 행위로 변하고 만다. 모험은 객관적인 인식과 정확한 판단에 기초해 물질, 능력, 인간관계 등의 구체적인 상황을 근거로 합리적으로 목표를 세워 실현해야 한다. 실패의 확률을 줄이고 융통성을 발휘하기 위해서는 목표를 너무 높거나 낮게 세워서도 안 된다.

둘째, 모험심을 발휘하라.

모험을 할 때는 신념이 흔들리지 않도록 자신의 마음을 잘 다스리고 의지를 다져야 한다. 필요에 따라 외부의 도움을 받고 자금을 모아야 하며 몸을 단련시켜야 하는데, 이를 위해서는 모험에 필요한 '모험심'이라는 에너지가 필요하다. 잠재력과 창의력, 관찰력과 예측 능력, 분석력, 추상적인 사고력을 강화시켜 모험심을 키워라. 모험심이 부족하면 성공까지 가지 못하고 철저히 실패하고 만다. 모험심의 크기에 따라 성공의 규모도 달라질 것이다.

셋째, 상황에 따라 전략을 변경하라.

성공적인 모험을 위해서는 상황에 따라 수시로 전략을 변경해야 한다. 어떤 모험이든 성공과 실패의 가능성이 따르게 마련인데, 목표에 이르기 위해서는 반드시 성공의 가능성이 높은 적극적인 전략이 있어야 한다.

모험 전에 반드시 이해득실을 따지고 시기를 인식하라. 나중에 실패하는 일이 없도록 일이 진행되는 객관적인 상황에 따라 기술과 방법을 적절히 구사하며 계획을 수정해야 한다. 심지어 손실을 줄이기 위해서는 돌이킬 수 없는 실패의 국면에 이르기 전에 미련 없이 모험을 중단할 줄도 알아야 한다. 시간이 더 걸리더라도 상황에 따라 적극적으로 전략을 변경해야 모험에 성공하고 목표를 달성할 수 있다.

넷째, 실질적인 행동에 돌입하라.

행동하는 것은 모험이 성공에 도달하는 유일한 길이다. 실질적인 행동 없이 성공은 당연히 꿈도 꿀 수 없다. 행동을 하지 않으면 지적 능력도 가치가 없어지고 능력과 모험심도 발휘할 기회를 얻지 못한다. 일단 행동에 들어간 다음에는 용감하게 모험에 임하는 동시에, 때와 상황에 적절한 각종 능력을 발휘해야 한다.

Day 4 극기

나는 나 자신을 이겨내고 승리할 것이다

1968년 어둡고 쌀쌀한 저녁, 탄자니아의 마라톤 선수 아쿠와리John Stephan Akhwari가 힘겹게 멕시코 올림픽 경기장에 들어왔다. 그는 그날 가장 마지막으로 결승선을 통과한 선수였다.

메달 수여식이 끝난 지도 오래여서 아쿠와리가 운동장에 들어섰을 때는 관중들도 거의 돌아가고 없었다. 아쿠와리는 피가 낭자한 두 다리에 붕대를 감은 채로 마지막 운동장 한 바퀴를 돌고 결승점에 들어왔다. 올림픽 관계자인 그린스펀은 이 모든 광경을 운동장의 구석진 곳에서 지켜보았다. 그는 아쿠와리에게 다가가 왜 부상당한 몸을 이끌고 완주를 했냐고 물었다. 그러자 탄자니아에서 온 청년은 나직하게 말했다.

"조국은 경주에 출발하라고 날 이곳에 보내지 않았습니다. 경주를 완주하라고 보냈습니다."

자신이 처한 환경이나 상황에 핑계를 대고 원망해봤자 아무런 소용이 없다. 핑계를 대지 않고 현실을 인정하면 다음엔 내면의 잠재력을 최대한 발휘할 수 있다. 변명은 아무리 잘 둘러대도 변명일 뿐이다. 많은 사람들이 실패하는 이유는 핑계를 찾기 때문이다.

성공하려면 핑계를 대지 마라. 주변 환경이나 외부 조건을 원망하지도 마라. 원망하는 것은 곧 핑계를 찾는 것이나 마찬가지다. 핑계를 댔을 때 유일하게 좋은 점은 자기 위로가 된다는 것이다. 하지만 이런 위로는 객관적인 조건들이 만들어낸 어려움을 스스로 극복할 수 없다고 한계를 짓는 것과 같아 매우 치명적이다. 자주 핑계를 대다 보면 조금만 더 노력하면 할 수 있는 일도 더 이상 어려움을 극복하며 일을 완성하려고 노력하지 않게 된다.

ǀ 핑계는 문제를 피해가려는 비겁함에서 나온다 ǀ

핑계를 대지 않는 것은 포기하지 않고 예의 발전해 나가는 것이다. 성공하려면 포기하지 않는 적극적인 마음으로 최대한 주변 사람들이나 상황에서 긍정적인 면을 발견해 앞으로 나아가야 한다. 그러면 설령 실패하더라도 교훈을 얻을 수 있고, 실패를 목표로 나아가는 디딤돌로 삼을 수 있다. 핑계는 성공을 방해하는 걸림돌이므로 실패했어도 결코 핑계를 대서는 안 된다. 핑계를 찾을 시간과 정성이 있으면 차라리 일하는 데 쏟아라. 성공은 핑계를 대지 않는 사람들의 것이다.

핑계를 대지 않는 것은 회사에서 더욱 중요하다. 회사는 핑계를 대지 않는 직원을 필요로 한다. 생각해보라. 자신의 직무와 책임은 뒤로 하고 귀중한 시간과 에너지를 핑계거리를 찾는 데 사용하는 직원을 어느 회사가 좋아하겠는가? 핑계를 대는 것은 자신의 잘못을 은폐하고 책임을 사회나 다른 사람에게 돌리는 것에 지나지 않는다. 이런 사람은 회사에서 좋은 직원이 될 수 없고 사회에서도 신뢰와 존경을 받지 못한다. 결국 이런 사람은 아무것도 이루지 못한 실패자가 될 것이다.

실패했어도 핑계거리를 찾는 데 많은 시간을 할애하지 마라. 핑계를 대면 상황이 달라지는가? 이럴 바에는 차라리 실패를 거울로 삼고 다음에 잘하기 위해서 계획을 세우는 것이 낫다. 핑계는 나쁜 습관이다. 일단 핑계를 대는 것이 습관이 되면 일을 자꾸 미루게 되고 일의 완성도도 떨어진다. 핑계를 대는 습관을 버리면 어려운 문제가 생겨도 다양한 문제 해결 기술을 배우게 된다. 핑계에서 멀어질수록 성공에 더욱 가까워질 수 있다.

| 비겁한 게으름에서 벗어나야 할 때 |

핑계는 늑장의 온상으로 핑계를 대지 않는다는 것은 늑장을 피우지 않고 오늘 일을 오늘 마친다는 뜻이다. 핑계는 게으름의 근원이다. 다들 한 번쯤 자신에게 이렇게 말한 적이 있을 것이다.

"이 일은 아직 여유가 있으니까 좀 천천히 해도 괜찮아."

"오늘은 많이 일했으니까 좀 쉬어도 돼."
"어차피 내일 할일도 없으니까 오늘은 그만하고 내일 해야지."
"오늘 날씨가 끝내주네. 이런 날은 나가줘야 해."

일을 미루는 것은 귀한 시간을 낭비하는 것이다. 일을 미루는 사람들은 일할 시간에 이런저런 핑계를 대며 아무것도 안 하는데 이렇게 해서 남는 것은 후회뿐이다. 만약 그 시간에 일을 했으면 후회하고 있을 때쯤에는 일을 다 마치고 쉬고 있었을 것이다.

세르반테스Miguel de Cervantes는 말했다. "날마다 조금씩 소홀히 하면 최후에는 아무것도 이루지 못한다." 오늘도 대충 보내고 내일도 대충 보내는 사람이 그 다음 날이 되면 열심히 살 것 같은가? 결코 그렇지 않다.

헨리 8세가 통치하던 때, 영국에는 교수대에 오른 우체부의 그림과 함께 길거리에 이런 글이 붙어 있었다. '빨리! 빨리! 생명을 위해서 발걸음을 빨리 옮겨라!'

당시는 우체국이 없어서 정부에서 파견한 우체부들이 편지를 배달했는데, 조금만 배달이 지체되어도 바로 사형에 처했다. 당시 사람들에게 경각심을 심어주었던 이 글이, 지금 당신에게도 필요할지 모른다.

'내일'은 악마의 좌우명이다. 역사 속의 많은 현명한 위인들은 계획을 세우면 중도에 포기하지 않고 끝까지 실천했다. 게으른 사람들에게 내일이란 말은 가장 발뺌하기 좋은 단어이다.

당신은 자신이 언제 가장 나태해지는지 알고 있는가? 저녁식사 뒤에 가장 나태해지는 사람도 있을 것이고 점심식사 뒤나 저녁 일곱 시에 가장 게을러지는 사람도 있을 것이다.

사람들은 저마다 집중력이 가장 좋을 때가 따로 있다. 따라서 하루를 헛되게 보내지 않으려면 그 시간을 낭비해서는 안 되는데, 대다수의 사람들에게는 아침이 그날 하루를 결정하는 가장 중요한 시간대라고 한다.

게으름은 일종의 질병으로 이 병을 고칠 수 있는 유일한 처방전은 과감히 행동하는 것이다. 이 병을 고치지 않으면 승리와 성공을 파괴하는 치명적인 요소가 될 것이다. 일을 미루는 사람들 중에 성공한 사람을 본 적이 없다.

ㅣ 인생을 바꾸는 마법의 말 '지금 당장' ㅣ

그럼에도 불구하고 살다 보면 '식사를 했으니 일단은 한숨 자고 나서 일해야지' '방이 더러우니 방 청소부터 하고 공부를 하자' 는 등 나도 모르게 게으름을 피우고 일을 미루게 되기 마련이다. 이럴 때는 다음의 사항들을 떠올려보자.

첫째, 계속 미루고 있는 그 일이 혹시 '불필요한 일' 은 아닌지 점검해보라.
중요하지 않은 일은 자꾸 뒤로 미뤄지게 마련이어서 불필요하다고 생각되면 처음부터 아예 거절해야 한다. 그렇지 않으면 계속 미루다가 후회하게 된다. 효율적인 시간 분배는 아무리 강조해도 지나치지 않다. 하루 일정표에서 불필요한 일들은 과감히 없애자.

둘째, 남이 해도 되는 일이라면 다른 사람에게 맡겨라.

할 수는 있지만 자신이 없는 일, 하기 싫은 일이 있을 땐, 자신보다 그 일에 더욱 적합하고 즐겁게 일할 수 있는 사람에게 맡기는 것이 좋다.

셋째, 이익이 되는 일이면 바로 행동하라.

가끔씩 일이 완성됐을 때 어떤 이익이 생기는지 몰라 일을 미룰 때가 있다. 달리 말하면 일이 완성됐을 때 얻어지는 이익이 일을 할 때 들인 노력의 대가보다 크면 누구나 흔쾌히 일하려고 한다는 것이다. 따라서 자신의 목표와 이상을 이루는 데 이익이 되는 일이면 바로 행동에 들어가야 한다.

넷째, 자체적으로 마감기한을 만드는 등 적극적인 태도를 취하라.

일을 미루는 습관이 있는 사람들이 공통적으로 가진 문제가 있다. 바로 '일에 대한 소극적인 태도'다. 만약에 자신에게 이런 문제가 있으면 처음부터 자신을 다시 훈련시키며 좋은 습관을 키워야 한다. 일을 미루고 싶은 마음이 들 때마다 이렇게 자문해보자. "빨리 하면 언제쯤 이 일을 끝낼 수 있을까?" 일정을 고려해 기한을 정하고, 그 다음에는 기한 내에 완성하려고 노력해보자. 그러면 작업 태도도 서서히 변할 것이다.

Day 5 끈기

나는 해낸다, 내겐 끝까지 해낼 저력이 숨어있다

사이러스 필드Cyrus West Field는 젊은 나이로 은퇴할 때 이미 상당한 재산을 모았다. 그에게는 커다란 꿈이 있었는데 바로 유럽과 미국을 연결하는 케이블을 설치하는 것이었다. 그러나 드넓은 대서양에 해저전신 케이블을 설치한다는 것은 당시로서는 상상조차 할 수 없는 일이었다.

그는 이 사업을 성공시키기 위해서 백방으로 뛰어다니며 노력했다. 기본적인 공사를 하는 데도 뉴욕에서 뉴펀들랜드까지 장장 1,600km에 달하는 전신선을 깔아야 했고, 뉴펀들랜드를 지나는 640km의 케이블은 깊은 산중을 통과해야 했기 때문에 도로 공사도 해야 했다. 또한 브레턴우즈를 가로지르는 704km의 전신선을 깔고 세인트로렌스 만에도 전신선을 설치해야 했는데, 실로 엄청난 작업이었다.

필드는 자금을 더 확보하기 위해서 영국 정부에 재정적인 지원을 요청했다. 처음에 의회는 강하게 반대했지만 결국 한 표 차이로 상원에서 통과되어, 필드는 본격적으로 공사에 착수했다. 케이블을 잇는 데는 영국 기선인 '아가멤논호'와 미국 군함인 '나이아가라호'가 동원되었다. 하지만 불과 8km도 못 가 이 케이블은 기계에 말리는 바람에 끊어지고 말았다.

필드는 실망하지 않고 곧 두 번째 실험에 들어갔다. 그런데 이번에는 케이블을 320km 정도 깔았을 때 전류가 갑자기 끊어져 버렸다. 할 수 없이 케이블을 끊고 실험을 중단하려는 찰나에 신기하게도 전류가 다시 흐르는 것이 아닌가. 밤 사이 선원들은 시속 6km를 유지하며 배를 조심히 운항했고 이에 따라 케이블도 시속 6km의 속도로 설치되었다. 그런데 갑자기 일어난 거센 파도에 배가 기우는 바람에 케이블은 또다시 끊어지고 말았다.

필드는 쉽게 포기하는 사람이 아니었다. 그는 1,120km의 케이블을 주문하고 반드시 성공하기 위해서 영국과 미국의 과학자들과 전문가까지 초빙해 다시 기계를 설계했다. 새로운 기계가 완성된 뒤에 '아가멤논호'와 '나이아가라호'는 대서양에서 다시 만나 선체에 케이블을 달고 각각 아일랜드와 뉴펀들랜드를 향해 출발했다. 하지만 3.8km도 못 가 케이블이 다시 끊어졌다. 케이블을 연결해서 다시 운항에 나섰지만 이번에는 12.8km도 못 가 전류가 끊어졌다. 또다시 연결해서 320km를 설치했지만 '아가멤논호'에서 32km 떨어진 부분의 케이블이 끊어지는 바람에 두 기선은 부득이하게 아일랜드 해안으로 돌아올 수밖에 없었다.

계속해서 케이블이 끊어지자 실험에 참여한 사람들의 사기가 점차 떨어지기 시작했다. 여론의 태도도 냉담해졌고 투자자들의 발길도 끊겼다. 만약에 이때 필드가 불굴의 끈기로 사람들을 설득하지 않았다면 실험은 그대로 중단되었을 것이다. 하지만 필드는 결코 실패에 무릎 꿇지 않았다.

세 번째 실험이 개시되었다. 전과 달리 모든 일이 순조로웠다. 케이블이 끊어지는 일도 없었고 전류가 갑자기 중단되는 일도 없었으며 해저에 설치된 케이블을 통해 전보도 주고받을 수 있었다. 하지만 모든 것이 완성되어갈 무렵, 갑자기 또 전류가 중단되어 버렸다. 실망은 이만저만이 아니었다.

필드는 부지런히 투자자를 찾아다녀 자금을 마련한 뒤에 더욱 우수한 품질의 케이블을 구입해 다시 실험을 시작했다. 다행히 실험은 순조롭게 진행되었다. 하지만 마지막에 뉴펀들랜드를 가로지르는 케이블을 960km 정도 설치했을 때 케이블이 갑자기 끊어져 바다 속으로 가라앉는 것이 아닌가. 몇 번이고 케이블을 건져 올리려고 했지만 헛수고였다. 그리고 실험은 이대로 1년간 중단되었다.

하지만 첩첩이 쌓인 고난도 필드의 의지를 꺾진 못했다. 그는 새로 회사를 세우고 전과는 비교할 수도 없을 만큼 품질이 좋은 케이블을 만들었다. 1866년 6월 13일에 시작된 실험은 마침내 모든 케이블을 설치하는 데 성공했다. 천신만고 끝에 연결된 케이블을 통해 처음으로 대서양을 건너 전달된 전보의 내용은 이러했다.

〈7월 27일 저녁 9시, 드디어 목적지에 도착했다. 마침내 케이블을 설치하는데 성공했고, 현재 케이블은 정상적으로 작동되고 있다. 감사합니다, 하느님.

-사이러스 필드.〉

그리고 얼마 후 그는 전에 바다 속으로 가라앉았던 케이블을 건져내 뉴펀들랜드까지 연결시켰다. 필드가 설치한 두 개의 케이블은 수십 년이 지난 지금까지도 사용되고 있다.

| 포기하지 않으면 반드시 성공한다 |

'하자고 결심만 하면 세상에 못할 일이 없다'는 말이 있다. 포기만 하지 않으면 못해낼 일이 없다는 뜻이다. 어려운 일이 생겼을 때 포기하면 아무것도 이룰 수 없을 뿐더러 나중에는 쉬운 일도 해낼 수 없게 된다.

세상일이 아무리 어렵다고 해도 열에 아홉은 모두 해결할 수 있는 일들이다. 때문에 인내심과 불굴의 의지를 가지고 노력하면 큰일도 이뤄낼 수 있다. 성공은 하늘이 주는 것이 아니라 꾸준히 노력해서 스스로 만들어가는 것이기에 절대로 요행을 바라서는 안 된다. 행운과 성공은 포기하지 않고 끝까지 노력하는 사람에게 따른다.

현대인들은 조급증을 앓고 있다. 하룻밤 사이에 스타가 되려 하고 부자가 되려고 한다. 그러나 열흘에 할 일을 하루아침에 완성하기란 불가능할 뿐더러, 가능했다 하더라도 그 성공을 유지할 가능성은 희박하다. 예를 들어 투자를 해서 돈을 벌려면 우선 작은 사업에서 시작해 천천히 경험을 쌓으며 자금을 모은 다음에 사업을 확대하는 것이 맞다. 하지만 돈을 빨리 벌고 싶은 마음에 무리하게 돈을 빌려 크게 장사를 벌였다가는 결국 완전히 망하고 만다.

시장 상황도 제대로 살피지 않은 채 단지 돈이 된다는 생각에 큰 위험을 무릅쓰고 뛰어들었다가 아까운 돈만 날리고 마는 것이다. '구르는 돌에는 이끼가 끼지 않는다' 는 말이 있다. 만약에 하루에 한 시간씩 12년간 공부한다면 학교에서 4년간 배운 것보다 더 많은 내용을 배울 수 있을 것이다.

영국의 시인이자 정치가였던 리턴Bulwer Lytton은 말했다.
"평상심과 인내심은 정복자의 영혼으로, 인류가 운명에 저항하고 개인이 세상에 저항하며 영혼이 물질세계에 저항하게 만드는 복음서의 정수다. 평상심과 인내심이 민족문제와 사회제도에 행사한 영향력만 보아도 그것이 얼마나 중요한지 알 수 있다."
위대한 발명가인 에디슨Thomas Alva Edison은 이렇게 말했다.
"난 노력하지 않고 성공하려고 했던 적이 한 번도 없다. 사진술을 발명한 것 외에 행운의 후광을 입은 적도 없다. 일단 결심이 서면 나아가야 할 방향으로 용감히 나아갔고, 최종 결과를 얻을 때까지 실험을 반복했다."
많은 사람들이 실패하는 이유는 평상심을 잃었기 때문이다. 영국의 시인 브라운 Thomas E. Bown은 말했다.
"현실적인 사람은 작은 일을 찾고 허망을 좇는 사람은 큰일을 찾는다. 그 결과 현실적인 사람은 한 가지씩 일을 해나가 머지않아 백 가지 일을 이루지만 허망을 좇는 사람은 아무것도 이루지 못한다."

| 포기하지 않는 습관을 키우는 방법 |

가장 먼저 필요한 것은 **합리적인 계획을 세우는 일**이다.

계획 없이 일하면 방향성을 잃고 일이 흐지부지되기 쉽다. 합리적인 계획표를 세우면 일의 속도를 조절할 수 있을 뿐더러 진행 상황을 확실히 파악하여 제때 혹은 계획보다 빨리 일을 완성할 수 있다.

계획을 세울 때는 **혼자만의 시간을 갖고 자신의 장점에 대해 진지하게 생각해봐야 한다**. 또한 계획표가 너무 허술하거나 촉박하게 짜이지 않았는지 살피고, 일의 진도가 너무 느리게 진행될 때 동기를 유발할 수 있는 대책도 함께 세워본다.

계획을 세우다 보면 누구나 이런 자문을 하게 마련이다. '진실로 하고 싶은 일인가? 만약에 일이 계획대로 순조롭게 풀리지 않더라도 끝까지 밀고 나가야 하는가? 곰곰이 생각한 뒤에도 여전히 계획을 따라야 한다는 생각이 들면 이는 진실로 그 일을 원하는 것이다. 이 같은 마음을 기억하고 계획표를 따라 끝까지 일을 실천하도록 한다.

계획을 세우는 것 다음으로 중요한 것은 **계획대로 지키려고 노력하는 것**이다.

실패 중에는 금세 잊히는 것도 있지만 영원히 고통으로 기억되는 것도 있다. 하지만 이유가 어찌 됐든 실패 때문에 발걸음을 멈춰서는 안 된다. 사람은 누구나 자신의 목표를 이루기 위해서 노력해야 한다. 계획을 세워놓고 노력하지 않으면 자신이 목표를 이룰 수 있을지 의심만 하다가 자신감을 잃고 목표마저 잃어버리고 만다.

어떤 사람들은 눈앞의 작은 목표를 달성하지 못해 일을 진행시키면서 모든 계획을 멋대로 바꾸기도 하는데 이는 포기의 또 다른 모습이다. 어려움을 핑계 삼아 계획을 멋대로 바꾸지 말자.

마지막으로 중요한 것은 **내면의 두려움을 버리는 일**이다.

계획에 따라 목표를 달성했으면, 또 다음 목표를 달성하기 위해서 노력해야 한다. 이는 포기하지 않는 습관을 키우는 데 큰 도움이 된다. 종종 일을 제대로 완성하지 못하면 자신이 바보처럼 느껴질 때가 있는데 이럴수록 새로운 일을 하기는 더욱 두려워진다. 이유인즉 몇 시간 만에 끝나는 일도 있지만 어떤 일은 완성하는 데 수십 년의 세월이 필요하기에 과연 그 일을 해야 하나 말아야 하나 고민이 되기 때문이다. 따라서 처음부터 자신이 진실로 하고 싶은 일인지 분명하게 알아야 한다. 별로 하고 싶지 않은 일에 그 많은 노력과 시간을 들일 필요는 없지 않은가?

계획을 달성하기 위해 오랜 시간 노력했다면 조금만 더 참고 힘을 내보자. 가장 힘들 때가 성공에 가장 가까울 때이다.

Day 6 극복

괜찮다, 어떤 일이 닥쳐도
나는 괜찮다

　에디슨의 나이가 67세이던 해, 그는 십 년 간 니켈 철 건전지를 연구하는 데 많은 돈을 쏟아 부은 탓에 주머니 사정이 좋지 않았다. 그나마 공장에서 나오는 수입이 없었으면 그의 실험은 벌써 중단되었을 터였다. 그런데 어느 날 저녁에 공장에 갑자기 불이 나버렸다. 인근 소방서에서 달려왔지만 불길은 쉽게 잡히지 않아 공장을 집어삼키고 있었다.

　에디슨의 아들인 찰스는 정신없는 와중에도 아버지가 너무나 걱정되었다. '전 재산이 모두 타버렸는데 아버지가 이 상황을 견디실 수 있을까? 연세가 있어서 재기하기도 힘들 텐데.'
　하지만 정원에서 에디슨과 마주쳤을 때 그는 오히려 신나서 얘기했다.
　"네 어머니 어디 있냐? 빨리 와서 이 불을 보라고 해라. 이런 불구경은 백 년에 한 번 볼까 말까한 것이다."

에디슨의 태연한 태도에 찰스는 할 말을 잃고 말았다.

황망해하는 아들을 뒤로 하고, 불을 끄고 난 뒤 에디슨은 직원들을 불러모았다. 그 자리에서 그는 이렇게 말했다고 한다. "여러분, 다시 공장을 지읍시다."

| 성공으로 가는 길에 실패가 있다 |

목표와 성공에 이르기 위해 반드시 밟아야 할 과정을 계단에 비유한다면, 실수와 실패는 무심코 넘어설 수 없는 가파른 계단과 같다. 오르기 힘든 대신, 그 지점을 넘어서고 나면 자신도 모르는 사이 제법 높은 곳에 이른 것을 깨닫게 된다.

중국 우주과학의 아버지로 불리는 과학자 첸쉐썬錢學森은 말했다. "정확한 결과는 여러 번의 실패에서 나온다. 많은 실패의 계단을 밟지 않으면 정확한 결과를 얻을 수가 없다."

그 가파른 계단, 실수와 실패의 단계를 인내로 넘어서야만 비로소 그 다음 단계에 이를 수 있다. 숨이 턱까지 차오르고 견디기 어렵겠지만, 거기서 좌절하거나 포기하지 않는 것이야말로 성공의 비결이다.

에디슨이 대표적인 예이지만, 이 외에도 성공한 사람들은 특별한 비결이 있어서가 아니라 실패 앞에 좌절하지 않았기에 성공할 수 있었다. 성공과 실패 사이에는 아무런 장벽이 없다. 성공은 실패의 끝에 있고 실패는 성공의 앞에 있다. 따라서 많이 실패할수록 성공에 가까워진다.

그럼에도 불구하고 실패를 좀더 수월하게 넘길 방법은 있다. 실패의 원인을 찾고 최대한 빨리 그것을 바로 잡는 것이다. 만약 어떤 일에서 실패의 쓴맛을 맛보고 있다면 다음 중 하나의 이유 때문일 것이다.

첫째, 그 길이 아니니 다른 길을 개척해야 한다. 둘째, 중간에 장애물이 있으니 해결해야 한다. 셋째, 노력이 부족하니 더 많이 탐구해야 한다.

이상의 세 가지 중 무엇에 해당하는지, 자신의 상황을 잘 파악하여 다시 시작하면 된다.

실패가 두려운가? 성공과 실패는 종이 한 장 차이다. 설령 실패했어도 자신감을 잃지 않고 죽기 살기로 노력하면 성공할 수 있다. 체면을 잃고 사람들의 입에 오르내리는 것이 두려운 사람에게 성공은 불가능이나 마찬가지다.

실패는 의지를 시험할 수 있는 좋은 실험대이기도 하다. 현명하지 못한 사람은 성공 앞에서 자만하고 으시대지만 현명한 사람은 실패를 의지를 단련시키는 기회로 여긴다. 때문에 어떤 이들은 사람의 성숙도와 기질을 알아보기 위해 일부러 실패의 상황에 놓이게 해 어떻게 행동하는지 관찰하기도 한다. 대기업에서 이루어지는 신입사원 합숙 등에 포함되는 끈기실험 프로그램이 한 예이다.

실패는 창조와 경쟁을 하는 과정에서 생기는 정상적인 삶의 일부분이다. 일상생활에서도 우리는 수없이 이를 경험한다. 진취적으로 생활하다 보면 실수를 하게 마련인데, 실수한 것에 굴하지 않고 꿋꿋이 살면 결코 큰일로 처참히 실패하는 일은 없다.

세상은 강자는 살아남고 약자는 도태하게 되어 있다. 이런 저울 위에서 실패는 늘 실패를 두려워하는 사람 쪽으로 기운다. 실력만 있으면 약자도 얼마든지 강자를 이길 수 있다. 하지만 자신감이 부족하고 실패를 두려워하는 사람은 반드시 실패하고 심지어 가상의 대상이나 착각에도 무너지고 만다.

성공한 사람들 모두가 지능이 높고 특별한 기회나 조건의 혜택을 받았으며 좌절과 고난과 실패를 겪지 않았던 것이 아니다. 대부분은 어려움을 겪었지만 불행한 처지에 실망하지 않고, 이를 바탕으로 이를 악물고 다시 일어나 더 힘차게 앞으로 나아간 사람들이다.

물론 성공한 사람들도 고난과 실패에서 오는 충격과 절망으로 고민하고 불안해할 때가 있다. 하지만 그렇다고 두려워하지는 않는다. 스트레스를 에너지로 전환시켜 가시밭에서 새로운 길을 닦는 것은 성공한 사람들의 가장 고귀한 능력이다.

| 실패에 지지 않는 방법 |

실패를 바로 대하기 위해서는 먼저 실패에 따른 고통을 바르게 이해해야 한다. 실패했을 때 가장 힘든 점은 정신적인 고통을 당하는 것이다.

많은 사람들이 충격을 받으면 방어력과 공격력을 잃고 실패를 성공으로 전환시킬 수 있는 기회가 눈앞에 있는데도 포기한 채, 그저 멍하니 두 번째 충격을 기다린다. 정신적 고통이 커서 더 이상 재기의 힘도 열정도 생기지 않는 것이다. 따라서 실패를 했을 때는 먼저 정신적 고통을 효과적으로 극복하고 힘을 내 실패와 싸울 준비를 해야 한다.

이렇게 고통을 이겨내고 다시 일어서기 위해서는 그러나, 부단한 마음훈련이 필요하다. 가장 중요한 것은 시련으로 인한 흔들림을 최소화하는 것이다.

이를 위해서는 평상시 자신을 초월적 시선으로 바라보는 훈련이 필요하다. 흔히 사람들은 외부환경이나 상황, 조건을 자신과 지나치게 밀착시킨 나머지 그것을 자기자신으로 착각하는 경우가 많다. 명품옷을 걸치면 자신이 명품인간이라도 된 듯 느끼는 것이 대표적이다. 그러나 강한 인간이 되기 위해서는 그 모든 외부조건을 넘어서 '온전한 자기 자신'을 인지하는 훈련이 필요하다.

'어떤 환경이든, 조건이 좋든 나쁘든 내가 나라는 사실은 변함없다. 나는 외부적 변화에 상관없이 나 자신일 뿐이다. 그러므로 어떤 상황에서도 나는 괜찮다' 라는 마음가짐을 항시 견지하자.

어떤 사람들은 실패를 도움이 전혀 안 되는 부정적인 것으로 여기기도 한다. 그러나 조금만 바꿔 생각해보자. 철은 수천 번의 제련 끝에 강철로 거듭난다. 마찬가지로 평범한 사람도 수천 번의 담금질을 겪어야 성공과 승리를 거머쥘 수가 있다. 적극적으로 노력하는 과정에서 겪는 실패는 사람을 더욱 강하게 만든다.

약점과 단점투성이인 채로는 성공과 승리를 거둘 수가 없다. 하지만 한번 실패의 고통을 겪으면 스스로 이런 문제점들을 고치려고 노력한다. 아무것도 아닌 금속 덩어리에 실패라는 무자비한 망치질을 가함으로써 인생과 사람의 가치를 이해하고 더욱 강인해지는 것이다.

실패는 고통스럽고 무정하다. 시간이나 물질에도 엄청난 손실을 입힌다. 따라서 최대한 실패하지 않도록 노력하되, 일단 실패하면 부정적으로만 생각하지 말고 그것의 긍정적인 면을 활용해 자신의 정신력을 한 단계 높이는 좋은 기회로 삼아야 한다. 자신감과 용기를 가지고 각오를 다지는 것은 또 다른 실패에 대한 준비를 하는 것인 동시에 정신적으로 실패에 대한 바른 인식을 가지는 것이다.

| 실패에 숨어 있는 성공의 씨앗을 찾아라 |

사람들 중에는 실패를 겪어보지 않아 자신의 진정한 재능을 발견하지 못한 경우가 많다. 큰 좌절을 겪어보지 않고 인생 본질에 대한 충격을 겪어보지 않으면, 내면에 숨겨진 진짜 능력을 미처 발견하지 못하는 것이다. 카네기는 "넘어지면 다시 일어나고 실패에서 승리를 구하라"고 말했다. 이것이 바로 성공의 비결이다.

실패는 개인의 인격에 대한 시험이다. 모든 것을 잃고 숨만 겨우 쉬는 상황일 때 내면은 어느 정도의 에너지를 발휘할 수 있을까? 꾸준히 노력할 용기가 없는 사람은 스스로 실패를 인정하는 순간에 모든 능력을 잃고 만다. 하지만 **인생에 대한 책임을 끝까지 포기하지 않고 용감하게 앞으로 나아가는 사람은 위대한 발전을 거두게 된다.**

이미 너무나 많은 실패를 반복한 사람들은 더 이상 노력하는 것이 소용없다고 느껴질지도 모른다. 하지만 이런 생각이야말로 더 이상 발전할 수 없도록 스스로 인생을 포기하는 것이다. 의지가 굳은 사람들에게 실패는 보잘것없는 것이다. 성공의 기미가 보이지 않고 무수히 많은 실패를 겪더라도 희망을 잃지 않는 사람에게는 계속 기회가 찾아온다.

세상에는 모든 것을 잃었다고 아우성대는 사람들이 많다. 하지만 그렇다고 그들을 실패자로 부를 수는 없다. 굳은 의지가 있고 강한 정신력만 있다면 언제든 다시 일어설 수 있기 때문이다. **실패는 더 높은 곳으로 올라가기 위한 시작에 불과하다.** 연이어 실패를 했기에 최후에 성공을 거둘 수 있는 것이다. 실패를 겪어보지 않고는 승리의 기쁨을 알 수 없다.

실패와 고통은 인간이 살아가면서 하느님과 소통하기 위해서 사용하는 언어이기도 하다. 사람은 이런 시련이 없으면 좀처럼 겸손과 반성의 시간을 갖지 않는다. 인간은 이와 같은 하느님의 말을 들을 때 두려운 나머지 가능한 한 벗어나고자 애쓴다. 하지만 도망만 가려고 할 것이 아니라 겸허하게 말을 받아들이고 그 가운데 지혜와 깨달음을 얻어야 한다. 그리고는 성공의 전환점을 향해 용감하게 나아가야 한다.

좌절은 실패가 아니다. 행운을 전해줄지도 모르는 일시적인 고통의 과정이다.

Day 7 미소

미소 지을 때마다 자신감이 생기며 점점 더 행복해진다

몇 년 전에 미국의 디트로이트에서 대규모 모터보트 박람회가 개최되었다. 박람회에는 요트에서 호화 유람선에 이르기까지 없는 게 없었고, 원하면 직접 배를 살 수도 있어서 많은 사람들이 몰려들어 성황을 이뤘다. 박람회를 찾은 사람 중에는 중동에서 온 부자도 있었다.

"이 배에 대해 설명을 듣고 싶은데요." 어떤 선박회사의 부스에 들른 부자가 그곳에 있는 판매원에게 말했다.

값비싼 배 한 척을 사는 사람이 과연 얼마나 있을까? 이번에도 배는 사지 않고 설명만 들으려 하는 손님이라 판단한 듯, 판매원의 말투는 친절했지만 기계적이었고, 표정은 냉담했다. 한참 설명을 듣던 부자는 돌연 부스를 나왔다.

계속 박람회를 참관하던 중 부자의 눈에 어느 낡은 선박회사의 부스가 띄었다.

아까와는 달리, 그곳의 판매원은 시종일관 미소를 지으며 부자를 귀빈처럼 대접했다. 부자가 말했다.

"배를 구경하고 싶은데요."

"그러세요? 그럼 저희 회사의 배를 소개해드리겠습니다."

뒤이어 판매원은 친절한 미소를 잃지 않으며 부자에게 선박에 대해 자세히 설명해주었다. 이윽고 계약이 이루어졌다. 부자는 계약금을 건네며 말했다.

"난 진심으로 나를 반겨주는 사람을 좋아하는데 당신은 미소로 그것을 표현했어요. 이곳에 있는 판매원들 중에서 유일하게 당신에게서만 그런 진심을 느낄 수 있었습니다."

| 미소는 상대방에게 호감을 준다 |

친절하고 따뜻한 미소에는 고급스럽고 화려한 옷으로는 얻을 수 없는 사람의 마음을 사는 힘이 있다. 미소는 일종의 관용이요, 수용이어서 사람 사이의 거리를 좁혀주고 진심으로 통하게 해준다. 미소를 지으면 상대방의 영역에 들어가기도 쉽다. 학자들도 '미소가 성공을 개척한다'고 말하지 않았는가. 미소는 말보다 강한 힘을 가진다.

미소를 지으면 희망이 생긴다. 하루 종일 미간을 찌푸린 채 고민하면 상황이 달라지는가? 자신의 신뢰도만 떨어질 뿐이다. 굳건한 사회적 위치, 원만한 인간관계, 거침없는 사업 경영은 모두 미소에서 시작된다. 미소는 매우 신비한 것이라서 생활의 소용돌이에서 벗어나게 해주고 허전한 마음을 내면의 깊은 곳에서 나오는 쾌감으로 채워준다.

누구나 다 다른 사람들에게 호감을 주고 싶은 소망이 있을 것이다. 미소는 분위기를 편안하고 즐겁게 만들며 사람들 간의 관계를 우호적으로 만들어준다. 미소는 사람과의 관계에서 성공의 문을 열어주는 열쇠가 된다.

ㅣ미소에는 거대한 부가 숨어 있다ㅣ

현대사회의 많은 사람들은 인간관계를 형성하고 일을 처리하는 데 깔끔하고 단정한 복장이 얼마나 중요한 역할을 아는지 잘 알고 있다. 그래서 차림새 때문에 일을 그르치는 일이 없도록 외출하기 전에 거울을 보며 넥타이를 바르게 매고 헝클어진 머리를 손질하며 진하지 않게 화장을 한다. 하지만 차림새 말고 또 신경 써서 갖춰야 할 것이 있는데, 그것은 바로 미소다.

미소는 "안녕하세요" "당신을 좋아해요" "당신을 만나서 즐거워요" "만나서 반가워요"라는 뜻으로써 말보다 호소력이 강하다. 뉴욕의 한 백화점 사장은 차가운 얼굴을 한 철학박사를 고용하느니 차라리 많이 배우진 못했어도 귀여운 미소를 짓는 사람을 고용하겠다고 말했다.

카네기는 강의를 듣는 사람들에게 일주일 동안 미소를 짓고 다니면 어떤 결과가 생기는지 직접 체험해서 다음 번 모임 때 결과를 발표하라고 했다. 과연 그들에게는 어떤 일이 일어났을까?

뉴욕의 증권거래소에서 일하는 윌리엄의 편지를 살펴보자.

〈올해로 벌써 결혼한 지 18년이 되었는데, 생각해보니 아침에 출근할 때 아내에게 미소를 짓거나 말 한 마디 건넨 적이 거의 없고 늘 불만에 찬 사람처럼 행동했더군요. 전 어차피 발표도 해야 하기에 선생님 말씀대로 일주일 동안 미소를 지어보기로 했습니다.

이튿날 아침에 일어나 거울에 비친 인상을 쓰고 있는 중년 남자의 얼굴을 보면서 "오늘은 인상을 쓰지 않는 거야. 웃자. 지금부터 웃자"라고 말했습니다. 아침을 먹을 때 미소를 지으며 아내에게 "여보, 잘 잤어?"라고 인사했지요. 아내의 반응은 선생님 말씀대로였습니다. 크게 놀라더군요. 전 차차 이런 모습에 익숙해지게 될 것이라고 말했습니다. 2개월이 지난 지금 우리 부부는 그 어느 때보다 행복합니다.

요즘에는 출근할 때 엘리베이터에서 만나는 사람들과 경비 아저씨, 지하철 매표소 아가씨, 거래처 사람들에게도 미소를 짓습니다. 그러면 그 사람들도 제게 미소로 화답하더군요. 전 불만에 가득 찬 사람들도 즐거운 태도로 대합니다. 미소를 지으면서 그들의 불만을 들어주니, 의외로 문제가 쉽게 풀리더군요. 미소는 날마다 제게 더 많은 즐거움과 행복을 가져다주고 있습니다.〉

다음은 에일리 휴버드가 전하는 충고다. 읽는 것만으로는 소용이 없으므로 반드시 그의 충고를 생활에 적용하도록 하라.

"외출할 때는 입을 다물고 고개를 높이 들며 가슴을 활짝 펴라. 미소를 지으며 친구들에게 인사하고 힘차게 악수하라. 오해받는 것을 두려워하지 말고 자신을 적으로 생각하는 사람들에게 단 1분의 시간도 낭비하지 마라. 좋아하는 일을 찾아 긍정적인 목표를 세우고 그것을 실현하라. 그러면 산호충이 해수에서 필요한 물질을 흡수하듯이 자신의 꿈을 실현할 수 있는 기회를 더 많이 가지게 될 것이다. 성실하고 지혜로우며 능력 있는 사람이 된 자신의 모습을 상상하라. 자신도 모르게 이상적인 사람으로 변해갈 것이다. 모든 일은 희망에서 비롯되므로 간절히 원하라. 그러면 이루어질 것이다. 사람은 생각하는 대로 변한다. 입을 다물고 고개를 높이 들어라. 우리가 내일의 주인이다."

이제 미소를 지어보자. 당신의 미소는 백만 불짜리다.

자신이 나아가고자 하는 방향을 모르면
세상을 놀라게 할 성과를 얻지 못할 것이다.

- 존 스톤(John Stone)

Part 2

성취의 습관

Day 8 시간관리

지금 이 순간이
나의 내일을 결정한다

　모건JP Morgan은 철저한 시간관리로 많은 사람들에게 정평이 자자했다. 그는 매일 아침 9시 30분에 출근해 오후 5시에 퇴근했으며, 1분에 20달러를 벌었고 사업상 관계있는 사람이 아니면 단 5분 이상 대화를 나누지 않았다고 한다. 때문에 모건을 찾으려면 그의 사무실을 방문하면 됐지만 중요한 일이 아니고서야 그가 환영하며 맞는 일은 거의 없었다.

　어떤 사람은 수다를 떨고 싶은 마음에 별로 중요하지 않은 일로 일하는 사람의 귀중한 시간을 뺏기도 한다. 모건은 이런 사람들을 뼈에 사무치도록 싫어했다. 또한 근무시간에 일과 상관없는 말로 시간을 때우는 것을 혐오했으며, 두서없이 우왕좌왕 말하는 것 또한 무척 싫어했다. 이는 동료의 일을 방해할 뿐더러 자신의 인생을 낭비하는 것이기 때문이다.

시간을 낭비하는 것은 인생을 낭비하는 것과 같다

인생을 낭비하는 것에 대해서 어떤 작가는 이렇게 말했다.

"돈처럼 귀한 시간을 아끼지 않는 사람은 절약하는 생활 원칙이 없기에 큰 성공을 거둘 수 없다. 위대한 사람들은 모두 일분일초를 돈처럼 귀하게 여겼다. 시간을 낭비하는 것은 인생의 최대 실수이자 가장 파괴력 있는 것이다. 기회는 대부분 일분일초의 시간 속에 숨어서 찾아온다. 얼마나 많은 사람들이 시간을 낭비하며 희망과 영웅심을 잃었는가. 고로 시간을 낭비하는 것은 절망의 나락으로 떨어지는 것이자 행복한 생활을 말살하는 것이다. 내일의 행복은 오늘의 시간 속에 있다."

시간을 소중히 여겨라. 한번 간 시간은 다시 돌아오지 않는다! 또한 일할 때는 직종을 가리지 말고 반드시 최선을 다하라. 이런 습관이 풍성한 성과를 선사할 것이다. 괴테Johann Wolfgang von Goethe는 "네게 가장 어울리는 곳이 네가 서 있어야 할 자리다" 라고 말했다. 열의가 없는 사람들에게 이보다 더 좋은 충고가 또 있을까?

현명하고 절약하는 사람들은 결코 시간을 낭비하지 않는다. 일분일초를 소중한 재산으로 생각하고 에너지와 체력을 하늘이 준 귀한 선물로 생각하기에 생각 없이 쓰는 법이 없다.

혈기 왕성한 인생의 황금기에 에너지를 집중하여 쏟아내지 않으면 결코 큰 성과를 얻을 수 없다. 세상에서 최대의 낭비는 젊음이라는 시간 에너지를 아무렇게나 낭비하는 것이다.

| 시간의 주인이 되어라 |

사람들은 자신의 꿈과 상관없는 일을 하는 데 많은 시간을 허비하며 살아간다. 따라서 이 부류에 속하지 않기 위해서는 하루하루를 '계산적'으로 살아갈 필요가 있다. 시간은 호흡하는 데 필요한 공기처럼 누구나 다 똑같이 소유하고 있지만, 그렇다고 해서 시간을 생각 없이 낭비해서는 안 된다.

많은 사람들은 자기 시간의 80%를 성공의 기회를 만들어내는 다른 사람을 위해 할애하고, 고용주들은 문제를 잘 일으키는 직원들에게 많은 시간을 낭비하며, 경영자들은 기업의 모델이나 행사에 참여하는 연예인들에게 적지 않은 시간을 쓴다. 정치가는 80%의 시간을 자신을 뽑아주지 않는 선거인단과 논쟁을 하느라 보낸다.

메리 로스는 《시간 절약과 창의적인 인생》에 이렇게 적었다.

'기업 발전과 시장에 자문해주는 일을 하다보면 많은 고객들을 만나게 되는데 그럴 때마다 빼놓지 않고 하는 이야기가 있다. 시간을 자유롭게 사용하되, 반드시 자신의 사업과 성공에 도움을 주는 사람들과 진실로 성공하고 싶어하는 사람들에게만 중요한 시간을 할애하라는 것이다.'

하루 중 가장 효율적인 시간대에는 불필요한 전화 통화나 약속을 삼가고 시간을 절약해 자신의 목표나 꿈을 실현하는 데 도움이 되는 일을 하도록 하자. 그리고 가치 없는 일은 일찌감치 그만두고 자신의 성공이나 기분에 도움이 되는 일에 시간을 할애하자. 가치 없는 일들의 대표적인 예로는 다음과 같은 것들이 있다.

- 다른 사람이 원하는 일
- 늘 같은 방식으로 완성해야 하는 일
- 중간에 진행이 중단되는 일
- 관심 없는 일, 흥미를 느끼지 못하는 일
- 시간에 비해 성과가 적은 일
- 파트너가 미덥지 않거나 수준 낮은 일

다른 사람이 원하는 일이나 전화 및 팩스를 대신 받아주는 일을 하는 데 결코 시간을 빼앗기지 마라. 필요할 때는 과감하게 'NO!'를 외칠 필요가 있다.

| 효율적으로 시간을 활용하는 방법 |

모든 시간은 유용하다. 매시간 만족을 얻고 이런 만족을 확대하기 위해서는 어떤 성과를 거두는 것 외에 휴식을 취하는 작은 일에서도 만족을 얻어야 한다. 그러기 위해서는 먼저 무미건조함 속에서도 흥밋거리를 찾아야 한다. 그래야 일의 효율이 높아져 시간을 크게 절약할 수 있다. 시간을 효율적으로 활용하는 비법을 알아보자. 다음의 내용을 다이어리나 노트에 복사해서 필요할 때마다 점검하면 도움이 될 것이다.

하나, **실수하더라도 후회하지 마라.** 과거의 일을 후회하는 것은 시간을 낭비하는 불필요한 일이다.

둘, 가장 중요한 일을 일순위에 놓고 먼저 시간을 할애하라. 중요하지 않은 일에 연연하다가는 시간을 절약할 수가 없다.

셋, 아침형 인간이 되어라. 많은 시간을 절약할 수 있다.

넷, 점심을 배부르게 먹지 마라. 오후에 배가 부르면 졸음이 오고 일의 효율이 떨어져 시간을 낭비하게 된다.

다섯, **신문의 모든 기사를 다 읽는 것은 시간낭비다.**

여섯, **TV를 너무 많이 시청하지 마라.** 뉴스나 경제 관련 프로그램을 시청하는 것으로 충분하다.

일곱, 커피나 전화를 기다리는 동안 책을 읽거나 계획을 짜라.

여덟, **아침에 출근하면 중요도에 따라 일의 순서를 정하라.**

아홉, **매달 생활 계획표를 수정해 무의미한 활동을 추려내라.**

열, **여유 시간을 충분히 두고 계획표를 융통성 있게 작성하라.** 그래야 갑자기 긴급한 상황이 벌어지더라도 당황하지 않을 수 있다.

열하나, **중요한 일을 끝내면 적당히 휴식을 취하라.** 일과 휴식의 균형을 유지하는 것 또한 시간관리의 고수들이 중요시하는 부분이다.

열둘, **일의 진행상황을 수시로 점검하라.** 고의적으로 어려운 일을 피하고 있지는 않은지, 일이 제대로 진행되고 있는 것인지 자기점검이 필요하다.

열셋, **시계는 5분 빠르게 맞춰놓아라.** 5분 일찍 시작하면 10분 빨리 끝난다.

열넷, **메모지를 휴대해 각종 자료를 기록하라.** 신문 읽는 시간이 절약된다.

열다섯, **과연 가치 있는 일을 하고 있는지 스스로 자문하라.** 그렇지 않다고 판단되면 과감하게 그만두어라.

열여섯, **지금 이 순간 하고 있는 일에 최선을 다하라.**

열일곱, **성공의 예감이 들 때는 망설이지 말고 일을 추진하라.**

열여덟, **컨디션이 좋은 시간에 집중적으로 일하라.**

열아홉, **기한을 정하고 최대한 기한 내에 일을 완성하라.**

스물, **남의 말을 들을 때는 항시 집중하라.** 나중에 사람들에게 다시 묻는 일이 생기면 자신뿐 아니라 남의 시간까지 낭비하는 셈이 된다.

스물하나, **타인의 시간을 빼앗지 마라.** 이는 그의 인생을 빼앗는 것이나 마찬가지다.

스물둘, **전문적인 문제를 처리할 때는 전문가와 상의하라.** 며칠이 걸려도 완성 못할 일을 전문가는 몇 시간 내, 심지어 몇 분 만에 문제의 핵심을 찾아낼 수 있다.

스물셋, **중요한 임무를 진행할 때는 사람을 따로 고용해 잡일을 맡겨라.**

스물넷, 찾느라 시간을 낭비하지 않도록 **물건은 항상 제 위치에 두어라.**

Day 9 공부

나는 항상 배우며 더 큰 사람이 될 것이다

아시아 최고의 갑부 리자청李嘉誠은 지긋한 나이에도 불구하고 노익장을 과시하며 하루도 빠짐없이 회사에 출근하여 열정적으로 일하고 있다. 리자청의 측근에 따르면 그는 자신의 모든 업무에 대해서 낱낱이 파악하고 있는데, 이는 몇십 년에 걸쳐 형성된 그의 일하는 습관과 매우 밀접한 관계가 있다고 한다. 리자청은 잠들기 전에 30분간 문학, 역사, 철학, 과학, 경제 방면의 책을 두루 읽으며 선진이론과 과학기술을 공부하는 생활을 몇십 년째 고수하고 있다.

그는 지난날을 이렇게 회고했다.

"젊었을 때 전 겉으로는 겸손한 척 했지만 속은 매우 오만했어요. 동료들이 놀 때 전 공부하며 나날이 발전했거든요. 그때가 제 인생에서 가장 중요한 시절이었습니다. 지금 알고 있는 것들도 아버지가 돌아가신 뒤로 몇 년간 한가하게 지낼 때 매일 조금씩 공부했던 거예요. 당시는 회사에 일이 많지 않아서 동료들이 마작하러 몰려다닐 때 전 사전을 펼쳐놓고 책을 봤습니다. 이렇게 매일 조금씩 배워나간 게 오늘까지 이어진 것입니다."

리자청이 오늘의 자리에 오른 것은 결코 우연이 아니다. 그는 꾸준한 노력으로 사업계를 종횡무진해, 지금은 중국 최고의 재벌이자 기업인들이 가장 닮고 싶어하는 CEO가 되었다. 그는 매일 꾸준히 공부했기에 변화를 거듭하는 시대에도 도태되지 않고 각종 위기를 지혜롭게 넘길 수 있었다.

| 저녁 3시간을 어떻게 보내느냐가 3년 후를 결정한다 |

인간의 최대 약점은 단시간에 너무 많은 것을 얻으려는 것이다. 모든 일들은 서서히 이루어진다. 따라서 인내심을 가지고 매일 한 가지씩 배우면 최후에는 많은 것들을 배우는 데 성공할 수 있게 된다.

세상에는 뛰어난 자질을 가지고도 평범하게 사는 사람들이 많은데 이는 그저 보수를 받는 것에 만족해 발전을 추구하지 않기 때문이다. 보수가 많건 적건 간에 책을 자주 보며 가치 있는 지식을 습득하는 것은 일하는 데 큰 도움이 된다. 물론 다들 힘들게 일하는 것은 알지만 우리에게는 여가 시간이 있지 않은가. 일하는 틈틈이 책을 보거나 주말을 이용해 학원을 다니며 지식을 늘려보자. 지식이 풍부할수록 인생은 더욱 충실해진다.

집보다 밖에서 더 많은 시간을 보내는 젊은이가 있는데, 그는 기차를 타건 배를 타건 항상 책을 들고 다닌다. 낭비해버리기 쉬운 자투리 시간에도 책을 보기 위해서다. 그는 역사, 문학, 과학에 상당한 지식을 갖고 있었다.

하지만 안타깝게도 많은 사람들은 자신의 귀한 시간을 낭비하는 것도 모자라 그 시간에 자신에게 해가 되는 일까지 한다. 특히 가장 안타까운 것은 TV를 보고 술을 마시느라 소중한 저녁 시간을 허비하는 것이다. 업무 외에 다른 일을 할 수 있는 여가 시간이야말로 황금의 시간이다. 그 시간을 어떻게 보내느냐에 따라 미래가 달라질 수 있다.

한 헤드헌터는 잠들기 전 3시간을 어떻게 보내는지 보면 그 사람의 미래가 보인다고 말했다. 발전 가능성이 드러난다는 것이다.

고인 물은 가만히 있는 것이 아니라 결국 썩고 만다. 혹시 고인 물처럼 발전없는 여가 시간을 보내고 있지는 않은가? 당신의 잠자기 전 3시간은 어떠한가?

| 기계가 모든 것을 해결해주는 스마트 시대, 그래도 지식은 힘이다 |

사회가 요구하는 능력이 복잡해지면서 지식에 대한 사람들의 이해가 바뀌고 있다. 지식이 곧 능력이라고 생각하는 사람이 줄고 있는 것이다. 능력에는 한계가 있는데, 사회가 자꾸 새로운 것을 요구하자 과연 자신이 알고 있는 지식이 쓸모가 있을지 의심스러워한다. 또한 검색이 용이해지고, 스마트폰의 등장으로 언제 어디서

나 이러한 검색이 가능해지자 과연 머릿 속에 지식을 저장해둘 필요가 있는지 의문시하는 사람도 많다.

그러나 사회가 어떻게 발전하든 지식이 모든 능력의 바탕이 되는 것만은 확실하다. 이 둘의 관계를 바르게 이해해야 한다.

베이컨Roger Bacon은 말했다. '아는 것이 힘'이라고. 그는 또 "학문은 결코 그 쓰임새를 우리에게 가르쳐주지 않는다. 학문을 어떻게 응용할 것인가는 학문 밖의 지혜다"라고 말했다.

이것은 21세기를 사는 우리에게도 다르지 않다. 때문에 책이나 신문에서 얻는 지식 외에, 생활 속에서 얻는 지식 역시 필요하다.

이러한 지식을 루쉰은 '무형의 책'이라 표현했다. "책만 보면 공론가가 되기 쉬운데, 설령 본인은 그것이 재미있게 느껴지더라도 사실상 그것은 점점 경직되고 죽어가고 있는 것을 보는 것이나 마찬가지다. 그러므로 직접 세상의 살아있는 책을 보라."

루쉰이 말한 무형의 책, 세상의 살아있는 책은 곧 삶의 지식이자 지혜이다. 그는 어린 시절에 얼마간 농촌에서 생활한 적이 있는데, 학교에 가서 연극을 보는 것을 특히 좋아했다. 그는 농촌의 아이들과 같이 어울리고 농촌을 주제로 한 연극을 보면서 농촌의 실생활을 이해하고 많은 지식을 쌓을 수 있었다. 훗날 그가 창작한 《고향》《사극》과 같은 단편소설의 소재는 모두 이때의 경험에서 나온 것이다.

유형의 책이 선인들의 지식과 그 지식을 응용한 예를 힘들지 않게 가르쳐주는 반면, 무형의 책은 현실에 눈뜨게 해 역사를 창조하는 사람들로부터 유형의 책에서 배울 수 없는 실질적인 지식을 배우게 해준다.

또한 '무형의 책'은 책에서 얻은 지식을 능력으로 변환시키는 과정, 즉 현실에 응용하는 과정에서 없어서는 안 될 요소이다. 만약 현실에 응용하지 못한다면 그것은 단지 '머릿속에 든 활자'일 뿐이며 죽은 지식에 불과하다.

| 지식을 습득하는 효과적인 방법 |

지식을 습득할 때는 방법에 주의해야 한다. 무작정 받아들이기만 해서는 평생을 가도 응용할 수 없을 뿐더러 새로운 것을 창조해낼 수 없다. 효과적으로 지식을 습득하기 위해서는 어떻게 해야 할까?

첫째, 흥미있는 분야부터 시작하거나 또는 공부할 분야에 흥미를 가져라.

사람들은 좋아하는 사물이 있으면 그것에 더욱 가까워지고 그 자체를 받아들이려고 한다. 흥미는 행동을 유발하는 동력이다. 그래서 어떤 지식에 흥미가 생기면 사람들은 누가 시키지 않아도 적극적으로 이해하고 기억하고 소화하려고 한다. 또한 이런 지식을 종합하고 의미를 확대 응용해 새로운 것을 추구하고 사회의 발전을 촉진시킨다. 때문에 어떤 지식을 습득할 때는 먼저 흥미를 키워 동기유발이 되어야 한다.

둘째, 자신만의 지식으로 이해하라.

인간에게는 판단력과 인식 능력이 있어 새로운 사물에 대하여 분석하고 자신의 지식으로 변환시키는 능력이 있다. 이로써 우리는 어려운 지식도 쉽게 습득할 수 있다.

우물 안 개구리는 우물 안밖에 볼 수 없지만 우물 밖에는 흰 구름과 파란 하늘, 푸른 잔디와 그곳을 뛰노는 곤충, 고이지 않고 흐르는 시냇물이 있다. 처음에는 벅차겠지만 인간에게는 그 모든 현상을 이해하고 자신의 것으로 해석하여 소화시키는 능력이 있다. 우물 안에서는 힘들게 노력하지 않아도 살 수 있지만 평생을 멍하게 보내야 한다. 그럴 바에는 노력이 따르더라도 새로운 세상을 보며 더 큰 시야를 갖는 것이 낫지 않을까?

셋째, 관계를 파악하라.

자연계의 모든 것들은 서로 연관되어 있다. 예컨대 먹이사슬을 살펴보면, 풀을 먹는 토끼는 독수리나 늑대에게 잡아먹히고 늑대는 다시 호랑이에게 잡아먹힌다. 독수리나 호랑이가 죽으면 부패된 사체는 다시 땅으로 돌아가 풀에 영양분을 제공해준다. 이처럼 동식물 사이에는 '관계'라는 먹이사슬이 형성돼 있다. 그래서 풀이 모두 죽으면 토끼가 멸종하고, 반대로 토끼가 많아져 풀을 많이 먹으면 나중에는 먹을 풀이 모자라 토끼도 멸종하게 된다. 자연계의 생명체는 모두 서로 크고 작은 관계를 이루고 있다.

지식은 인류가 자연을 개조하는 과정에서 알아낸 것을 정리한 내용들로, 각종 지식들은 서로 유기적으로 연결돼 있다. 어떤 사물에 대한 이해와 지식이 부족할 때는 그것과 관련되어 있는 것들로 내용을 유추해보라.

넷째, 연상법을 이용하라.

인류는 다른 동물들과 달리 이성적으로 생각할 수 있기에 더 나은 사회를 꿈꾸며 적극적으로 발전해왔고 어려운 상황 속에서도 필요한 조건과 기술을 만들어 문제를 해결할 수 있었다. 이처럼 '연상'은 인류 발전의 상징 중 하나이다.

연상법은 지식을 더욱 효과적으로 학습하는 데 도움을 준다. 예를 들어 역사책에 나오는 연도수를 무작정 외우려면 힘들지만, 어떤 사건과 연관지어서 외우면 학습의 흥미를 높일 수 있을 뿐더러 오래 기억하는 일석이조의 효과가 있다.

다섯째, 대조법을 이용하라.

두 개의 개념이나 사물의 의미가 서로 비슷하면 헷갈리게 마련인데, 이때 대조법을 이용하면 의미를 명확하게 구분지을 수 있다. 다시 말해서 비슷한 점보다 다른 점에 초점을 두고 독특한 특징과 사물의 본질을 알아봄으로써 관련 지식을 습득하는 것이다.

여섯째, 잊어버리기 전에 복습하라.

인간의 뇌가 지식을 기억하는 데는 일정한 규칙이 있다. 그래서 지식을 잊어버리기 전에 복습하면 희미한 기억이 쉽게 다시 선명해진다. 공자가 말한 온고지신溫故知新도 같은 맥락에서 이해가 가능하다.

Day 10 몰입

나는 내 일을 사랑하며
이 일에 열중한다

대학 졸업 후에 연구소에 취직한 수지는 석·박사 출신의 연구원들 틈에서 근무해야 한다는 사실에 많은 부담을 느꼈다. 그런데 연구소의 분위기에 적응했을 무렵, 대부분의 연구원들이 근무시간에 딴청을 피우며 안일하게 일한다는 것을 발견했다.

그녀라고 해서 다른 사람들처럼 자리나 보전하며 한가롭게 지내볼까 하는 유혹이 없었던 것은 아니다. 그러나 수지는 학력이라는 핸디캡을 극복하기 위해서라도 열심히 일하기로 마음 먹었다. 야근도 마다 하지 않으며 일한 결과, 실력이 일취월장하여 오래지 않아 소장의 총애를 받는 연구소의 기대주로 떠올랐고, 급기야 석·박사 출신의 연구원들을 모두 제치고 연구소의 부소장이 되었다.

주위에 열심히 일하는 직원이 없으면 일에 대한 강한 열정과 사명감만으로도 주목받을 수 있다.

| 사명감을 키워라 |

일에 몰입하는 것은 자신의 직업에 대해서 사명을 다하는 것이다. 회사를 자기 사업처럼 여기고 혼신의 노력을 다하며 각종 어려움을 극복하면 결국에는 좋은 결과가 생기게 마련이다.

직장인들 중에는 자신이 사장을 위해서 일하고 있고, 사장이 자신의 노동력을 착취해서 돈을 번다고 생각하는 사람들이 있다. 그래서 어차피 남을 위해서 일하는데 대충 해도 상관없다고 생각하고 이로 인해 회사에 손실이 생겨도 책임지려 하지 않는다. 하지만 이런 태도는 사장은 물론이거니와 자신에게도 전혀 이롭지 않다. 아무리 재능이 출중한 직원이라도 일에 대한 열정이 부족하고 열심히 일하지 않으면 동기들이 승진하는 것을 구경만 하고 있어야 한다.

사명감을 가지고 자기 일에 몰입하는 것은 매우 중요하다. 자기 일에 사명감을 가진 사람들은 같은 일을 해도 다른 사람들보다 더 많은 경험을 얻는다. 또한 다른 일을 하게 되더라도 일에 대한 사명감이 있기에 결국에는 성공하고 만다. 다시 말해서 자신의 일에 몰입할 줄 아는 사람은 어떤 일을 해도 성공하게 되어 있다.

선천적으로 일에 대한 사명감을 타고나서 임무를 부여받으면 그 즉시 일에 열중하는 사람들이 있지만 그렇지 못한 사람들도 있다. 스스로 생각하기에 자신이 일에 대한 사명감이 부족하다면 진지하고 책임 있는 태도로 일하는 것이 습관이 되도록 강제적으로라도 노력해야 한다.

물론 이런 습관이 갑자기 눈에 띄는 수입이나 성과를 가져다주는 것은 아니다. 하지만 그럼에도 그런 습관을 키워야 하는 이유는, 일에 대한 사명감이 없는 사람들은 산만하고 무책임하게 일하는 태도가 무의식에 깊게 인식되어 어떤 일을 하건 모두 대충하기 때문이다. 이런 사람은 결코 성공할 수 없다. 중년이 되도록 이런 습관을 키우지 못하면 남은 인생도 헛되이 보내기가 쉽다. 하지만 일에 대한 태도를 바꾸고 열심히 노력하면 운명을 바꿀 수도 있다.

몰입도를 높이는 일상 업무법

첫째, 책상 위를 정리하라.

워싱턴 국회도서관의 천장에는 시인인 알렉산더 포프Alexander Pope가 남긴 이런 글귀가 쓰여 있다. '질서는 천국의 가장 중요한 법이다.'

질서는 직장생활과 일상생활에서도 가장 중요한 법이다. 하지만 실상은 어떠한가? 조금만 주의를 기울이면 많은 사람들의 책상이 각종 문서와 자료들로 어지럽혀져 있는 것을 쉽게 발견할 수 있다. 책상 위에 결제 받아야 할 문서들이 어지럽게 널려있으면 부담을 느끼고 긴장되기가 쉽다. 특히 일은 하지 않고 걱정만 하는 사람들은 긴장감과 피로함을 느낀 나머지 스트레스에 시달릴 수도 있다.

펜실베이니아 대학의 약대 교수인 존 스트랙 박사는 미국 약사협회에서 〈신경쇠약이 유발하는 신체기관 질병- 환자의 심리상태에는 무엇이 필요한가?〉라는 논문을 발표하며 '강제적으로 의무를 이행하는 느낌은 할일이 끊임없이 생기는 것과 같은 기분이 들게 한다'고 했다. 일을 효율적으로 진행하고 빨리 처리할 수 있도록 책상에 질서를 유지해야 한다.

둘째, 일의 경중과 완급을 가려내라.

미국의 사업가인 헨리 도어티Henry L. Doherty는 인간의 '생각하는 능력'과 '일의 경중과 완급을 가려 적절하게 처리하는 능력'을 황금으로도 살 수 없는 귀한 보물이라고 말했다. 자수성가한 찰리 루커만은 12년간 열심히 노력한 끝에 연봉 10만 달러의 사장이 될 수 있었다. 그는 자신의 성공 요인으로 도어티가 말한 두 가지 능력을 꼽았다. 루커만은 말했다.

"저는 새벽 다섯 시면 일어납니다. 이때가 저한텐 생각하기 가장 좋은 시간이죠. 전 그날 해야 할 일의 계획을 세울 때 일의 경중과 완급에 따라 일을 분배합니다."

미국의 보험왕인 베트게 프랭키는 매일 새벽 다섯 시 전에 일어나 하루의 일을 안배한다. 그는 하루 전에 미리 다음날에 달성할 보험액수를 정하는데, 이를 달성하지 못할 때는 그 다음날에 전날 부족했던 만큼의 액수를 더 채우려고 노력했다.

물론 모든 일을 경중과 완급에 따라 처리하기는 쉽지 않다. 하지만 계획적으로 일하는 것은 즉흥적으로 일하는 것보다 항상 더 좋은 결과를 낳는다.

셋째, 문제가 있으면 차근차근 하나씩 처리해야 한다.

호웰은 카네기의 제자로, 훗날 미국 철강회사 이사회의 임원이 되었다. 그는 카네기에게 이사회가 한꺼번에 너무 많은 의제들을 다루는 바람에 결론을 내리지 못한 의제는 집에 가서 따로 연구해야 한다고 말했다.

이에 불만을 품은 호웰은 이사회 사람들을 설득해서 한 번에 한 가지 의제를 결론이 날 때까지 다룬다는 내용의 규정을 만들었다. 덕분에 표결 전에 다른 자료를 연구할 필요가 있더라도 첫 번째 의제가 해결되기 전에는 결코 두 번째 의제를 다루지 않게 되었다. 그 효과는 매우 커서 그동안 밀려있던 많은 일들을 모두 해결할 수 있었다. 이사회 임원들도 더 이상 산더미 같이 쌓인 자료들을 안고 집에 돌아가지 않아도 되었다. 이는 미국 철강회사의 이사회뿐만 아니라 모두에게도 유용한 규정이다.

넷째, 다른 사람에게 권한을 부여해보라.

일상생활의 많은 사람들은 남에게 권한을 부여할 줄 몰라 일찍 실패의 무덤에 들어간다. 또한 직접 해야 직성이 풀리는 탓에 모든 일을 혼자서 하다가 결국 피로, 초조, 긴장감에 시달리게 된다.

다른 사람에게 권한을 부여하는 것은 어려운 일이지만 사람을 관리하는 입장에 있는 사람이라면 반드시 익혀야 한다. 그렇지 않으면 평생 피로에 찌들어 살게 될 것이다.

Day 11 세심함

나는 섬세하고 완벽하게
일을 처리한다

일본 도쿄의 무역회사에서 거래처 고객에게 표를 발급해주는 일을 하는 여직원이 있었다. 그날도 그녀는 독일의 무역회사에서 온 사장에게 도쿄-오사카 구간의 신칸센 표를 끊어 주었다. 그런데 독일인 사장이 한 가지 재미있는 사실을 발견했다. 매번 오사카에 갈 때는 오른쪽 창가에 앉고 도쿄로 돌아올 때는 왼쪽 창가에 앉았던 것이다.

독일인 사장은 아가씨에게 어찌된 연유인지 물었다. 아가씨가 대답했다.
"오사카로 갈 때는 후지산이 오른쪽에 있고 도쿄로 돌아올 때는 왼쪽에 있잖아요. 외국인들은 대개 후지산을 좋아하기에 자리를 그렇게 배정했습니다."
독일인 사장은 아가씨의 세심한 배려에 큰 감동을 받았다. 이후 두 회사 간의 무역액 규모는 400만 마르크에서 1200만 마르크로 크게 증가했다.

자본주의 사회의 발전으로 기업들의 덩치가 점차 커지고 있다. 분업화의 속도도 갈수록 빨라져 주요 사안은 소수의 임원들이 결정하고 나머지 세부적인 일들은 직원들이 맡아 알아서 처리한다. 그런데 세부적인 일이라고 해서 하찮게 여겨질 수도 있지만, 이는 기업이 탁월한 성과를 내는 데 중요한 밑거름이 된다.

큰 뜻을 세워 큰일을 하면 기쁨도 꽤 클 것이다. 하지만 성실하게 작은 일부터 시작해 사소한 것에까지 주의를 기울여야 큰일을 할 때 필요한 엄격하고도 면밀한 태도를 키울 수가 있다.

| 사소한 것이 성패를 결정한다 |

노자는 "세상에서 가장 어려운 일도 반드시 쉬운 일에서 시작되고, 세상에서 가장 큰일도 작은 일에서 시작된다"고 했다. 일을 할 때는 간단하고 사소한 것도 소홀히 하지 말라는 뜻이다.

20세기가 배출한 위대한 건축가 중의 한 명인 미스 반 데어 로에Mies Van Der Rohe도 자신이 성공한 이유를 "악마는 사소한 곳에 있다"는 말 한 마디로 설명하며, 사소한 부분에 신경 쓰지 않으면 아무리 건축물이 멋있고 훌륭해도 성공적인 작품이 될 수 없다고 거듭 강조했다.

인생은 사소한 일들로 구성되어 있다. 때문에 일의 성패도 기본을 이루는 세부적인 것들이 결정한다. 더욱이 사회가 분업화되고 전문화됐다는 것은 이미 세심한 관리와 디테일의 차이가 중요한 능력으로 요구되는 시대가 왔음을 뜻한다.

  2002년에 미국 월마트의 연간 영업액이 세계 최고 기록을 달성하자 〈포춘〉지 기자들은 경탄해 마지않았다. 싼 와이셔츠와 낚싯대 따위를 파는 상점이 어떻게 미국 최고의 기업이 될 수 있단 말인가. 사실 월마트의 성공에는 특별한 비결이 없다. 단지 사소한 것에 주의를 기울였을 뿐이다.

  현재 월마트는 과거처럼 싼 물건을 취급하지 않는다. 하지만 서비스만큼은 여전히 일류다. 실제로 월마트의 직원 규정에는 3m 이내에 고객이 있으면 치아 여덟 개가 보이도록 미소 짓고, 고객이 문의하면 모른다고 대답하거나 손가락으로 가리키지 말고 아무리 바빠도 하던 일을 멈추고 고객을 상품 앞까지 안내하라고 되어 있다. 월마트는 이렇게 사소한 부분까지 신경 쓴 덕에 거대기업으로 성장할 수 있었다.

  세상에 큰 꿈을 그리는 전략가들은 많지만 그것을 정성껏 집행하려는 사람들은 그리 많지 않다. 회사마다 갖가지 관리 규정이 있지만 엄격한 집행은 이뤄지지 않고 있다. 시장경쟁에서 세심함은 마케팅처럼 즉각적으로 판매량을 높여주지는 않는다. 하지만 봄바람이 비를 뿌려 땅을 적시듯이 소리 없이 지속적으로 효과를 일으킨다. 사소하지만 세심한 관심과 서비스는 고객에게 브랜드에 대한 믿음을 높여준다. 이것이 바로 사소함과 세심함의 아름다움이자 매력이다.

| 세심함이 인생을 바꾼다 |

찰스 디킨스Charles Dickens의 작품에 이런 대화가 나온다.

〈"천재는 어떤 사람인가요?" 그러자 그는 대답했다. "천재는 세심한 것에 주의를 기울이는 사람입니다."〉

또한 중국 동한의 설근薛勤은 "집안을 다스리지 않고서 어떻게 천하를 다스리는가"라고 말했다. 일상생활의 많은 사소하고 평범한 것들에 진리가 들어 있어, 일단 작은 일에 성공하면 그것이 모여 삶에 커다란 변화를 일으키고 개인의 인생에 영향을 끼친다.

세심한 배려와 주의력이 실제로 인생을 바꾼 예도 있다.

일본 도쿄, 도시오는 일자리를 찾아 도시로 온 청년이었다. 옷가게에 취직한 그는 부지런히 일한 덕에 오래지 않아 사장의 눈에 띄어 작은 지점의 점장으로 승진했다. 비록 규모는 작은 매장이었지만 경영에 최선을 다한 결과 실적이 크게 향상되었다.

한편 그의 매장 단골 중에는 도쿄에 거주 중인 프랑스인 사장도 있었다. 옷을 고르던 중 도시오와 친해진 프랑스인 사장은 검은 눈에 황색 피부를 가진 이 동양인 점장을 저녁 만찬에 초대했다. 그렇게 해서 찾아간 레스토랑은, 최고급은 아니었지만 도시오로서는 처음 가본 프랑스식 레스토랑이었으며 음식 또한 처음 먹어보는 것이었다. 그러나 그는 전혀 내색하지 않고 그릇들을 모조리 비웠으며, 비록 세련된 매너라곤 할 수 없었으나 시종 프랑스인 사장과 주변 사람들을 배려했다.

만찬이 끝난 후 프랑스인 사장은 자신을 의류 바이어라고 밝히며 도시오의 회사와 수출 계약을 맺고 싶다고 제안했다. 이 일로 인해 도시오는 작은 매장의 점장에서 도쿄지역의 매장을 총괄하는 본부장으로 승진했다.

한편, 평범한 여대생이던 스테파니는 엄마가 암에 걸렸다는 소식을 듣고 가계의 부담을 덜고자 여름방학 아르바이트를 결심했다. 그러나 특별한 이력이 없는 그녀가 원하는 봉급의 일자리를 구하기란 쉽지 않았다.

그러던 중 뜻밖에도 한 회사에서 면접을 보러오라는 전화가 걸려왔다. 스테파니는 들뜬 마음으로 면접장에 들어섰으나, 그녀의 이력서를 본 사장은 매정하게 거절하는 것이 아닌가. 그녀가 이력서를 챙겨 일어나려는 순간, 손바닥에 뭔가 찔리는 듯한 통증이 느껴졌다. 의자에 박혀 있던 못에 찔린 것이다. 손바닥에 작은 핏방울이 맺혔다. 스테파니는 책상에 종이를 누르고 있던 돌로 못을 박아놓고 면접실을 나왔다. 그리고 몇 분 뒤, 그녀는 사장으로부터 출근해도 좋다는 통보를 받았다.

| 작은 일로 앞길을 망치는 방법 |

"성공은 사소한 일에서 비롯된다." 어떤 기업의 회장이 신입사원들에게 한 말이다. 많은 젊은 직장인들이 업무상의 '작은 일'을 소홀히 하다가 경력을 망치곤 한다. 가장 흔한 경우는 아침 시간을 활용하지 않는 것이다. 출근 시간에 맞춰 간신히 일어난 데다가 손에 아침식사로 때울 음식거리가 들려있으면 아무리 일을 잘해도

효과는 반감된다. **아침을 여유 있게 시작하면 하루가 달라진다.**

또 다른 문제 케이스는 착한 사람 콤플렉스에 걸린 나머지 모두에게 좋은 사람이 되려 하는 경우이다. 중요한 것은 실력이다. 많은 사람들이 개인적인 평가에 더 신경을 쓰는 경향이 있지만, 실적을 높여 실력으로 인정을 받아야 승진에도 유리하다. **호감만으로는 연봉을 높이거나 승진을 할 수 없다.**

한편, 주관 없이 상사의 결정만 따르기만 하는 건 아닌지도 살펴보자. 물론 상사가 주도해서 결정해야 할 문제도 있지만, 사사건건 물어 보면 상사는 결국 당신의 업무능력을 낮게 평가해 믿고 일을 맡기려 하지 않을 것이다. **작은 일은 주도적으로 처리해 보고하는 것이 좋다.**

분명히 말하지 않았다가 '한 마디를 제대로 못한' 실수로 인해 일을 그르치는 경우도 종종 있다. 예를 들어 상사의 지시를 전달하기 위해서 회의를 주최했는데 회의가 끝나도록 동료들이 회의의 요점을 파악하지 못한다면 이는 전달력에 문제가 있는 것이다. 평소 상사나 동료들과 대화할 때 그들이 다시 묻지 않게 **지시사항과 자신의 의견을 분명하게 밝히도록 하라.**

마지막으로 주의할 점은, 직장과 직업에 어울리지 않는 옷을 입는 것이다. 대부분의 회사는 복장에 대한 규정을 따로 두고 있지 않는데, 그래도 직업에 대한 경의를 표하고 싶다면 **직업에 어울리는 옷을 입어야 한다.** 예컨대 사무실에서 일할 때는 깔끔하고 단정한 옷을 입는 것이 좋지만 공사 현장 같은 곳에서는 양복차림이 어울리지 않는다.

Day 12 실행

하루 한 가지,
꿈을 현실로 만들기 위해
노력할 것이다

실비아는 TV 프로그램 MC의 꿈을 키우고 있었다. 아버지는 보스턴의 유명한 성형외과 의사이고 어머니는 명문대학의 교수로서, 딸이 꿈을 실현하는 데 전폭적인 지원을 아끼지 않았다.

실비아가 MC를 꿈꾸게 된 계기는 처음 보는 사람들도 그녀와 대화를 나누고 싶어 할 만큼 입담이 출중하고 친근한 성격인 데다가 본인이 생각하기에도 재능이 충분한 것 같았기 때문이다. 실비아는 어떻게 하면 사람들이 진심을 말하는지 알고 있었다. 오죽하면 친구들로부터 '걸어 다니는 정신과 의사'라는 별명을 얻었을까.

그녀는 늘 자신에게 말했다. '나에게 TV 출연의 기회가 딱 한 번만 주어진다면 반드시 성공하고 말거야!'

하지만 실비아는 기적 같은 기회가 주어져 하루아침에 MC가 되기만 바랄 뿐,

정작 자신의 꿈을 이루기 위해서는 아무 노력도 하지 않았다.

반면에 신디는 가정형편이 어려웠던 탓에 낮에는 일하고 밤에는 야간대학에서 무대예술을 공부했다. 졸업한 후에는 MC가 되기 위해서 로스앤젤레스의 모든 방송국을 쫓아다녔다. 하지만 경험이 없는 관계로 번번이 거절당했다.

그러자 신디는 몇 개월간 방송잡지를 구독하며 기회를 노렸고 마침내 노스다코타 주의 작은 방송국에서 기상캐스터를 모집한다는 채용공고를 발견했다. 신디는 그곳에서 기상캐스터로 2년간 일하며 경력을 쌓은 다음에 로스앤젤레스에 있는 방송국으로 자리를 옮겼다. 그리고 5년 만에 꿈에 그리던 MC가 되었다.

왜 실비아는 꿈을 이루는 데 실패하고 신디는 성공했을까? 실비아는 환상에 젖어 운명적인 기회가 오기만을 기다렸지만 신디는 단계적으로 이상을 실현해갔기 때문이다. 신디는 노스다코타 주에서 훈련을 받고 로스앤젤레스에서 많은 경험을 쌓는 등, 자신의 꿈에 필요한 것을 충실히 행동으로 옮겼기에 성공할 수 있었다.

| 미루는 것은 실패의 다른 모습이다 |

실패한 사람들은 행동을 취하지 않고 언젠가 대박이 나기만을 기다리며 늘 운이 따라주지 않는다고 불평한다. 그들에게 성공은 우연히 찾아온 행운으로, 성공한 사람들은 운이 좋았기 때문이라고 생각하며 행운의 여신이 도울 때까지 아무것도 하지 않는다.

그러나 성공을 방해하는 최대의 적은 내일을 기다리는 것이다. 주변에서 흔히

들을 수 있는 말 중의 하나가 "괜찮아질 테니 좀 더 기다려보자"이다. 하지만 습관적으로 이렇게 말하는 사람들은 내일이 오고 또 그 다음날이 와도 아무것도 이루지 못한다.

성공한 사람들은 늑장부리며 일을 지연시키는 것이 실패와 다를 바 없다는 사실을 잘 안다. 일의 성공 여부는 바로 행동하는 습관이 있는가의 여부에 달려 있다. 즉시 행동해야 시대의 앞에서 조류를 이끌 수 있기 때문이다. 하지만 시대가 자신을 앞지를 때까지 꾸물대는 사람은 영원히 뒤처질 수밖에 없다.

일을 뒤로 미루는 것은 진취적인 심리를 잃게 만든다. 한두 번 늑장을 피우다 보면 결국에는 그것이 나쁜 습관이 되고 만다. 미루는 습관을 고칠 수 있는 유일한 방법은 바로 행동하는 것이다.

영국의 전 수상이자 소설가인 디즈레일리Benjamin Disraeli도 "행동이 반드시 행복을 안겨주는 것은 아니지만 행동하지 않으면 행복할 수 없다"고 하지 않았는가. 성공한 사람들은 결코 미래의 '어느 날'을 기다리며 일을 미루지 않고 당장 행동에 들어가 성공할 때까지 실패를 거듭하며 끊임없이 노력한다. 일을 진행하다가 문제가 생겨도 바로 해결하려고 한다. 문제를 해결하지 않고 걱정만 하고 있으면 시간이 갈수록 괜한 걱정만 더 늘기 때문이다.

늘 가정만 하는 공상가들은 과거에 어떻게 했으면 지금 이렇지 않을 것이라며, 과거에 자신이 어떤 기회를 놓쳤고 앞으로는 어떻게 할 계획이라고 말한다. 하지만 착실한 사람들은 다르게 말할 것이다. "만약에 나의 성공이 하루아침에 이뤄진 것이라면 그 밤은 길고도 길었을 거야."

성공은 항상 의지가 굳고 정열이 넘치며 신속히 행동하는 사람에게 찾아온다.

┃오늘 당장 시작하지 않으면 내일은 영원히 오지 않는다┃

이것저것 생각하느라 선뜻 결정을 내리지 못하고 자신에게 무엇이 필요한지도 모르는 사람은 영원히 성공할 수 없다. 물론 완벽한 사람은 없다. 성공한 사람들도 사람이기에 결점이 있다. 하지만 그들은 자신이 부족한 것을 알고 노력한다. 실수를 하고 좌절도 겪지만 빨리 일어나 다시 전진한다. 이렇듯 행동은 성공을 키우는 물과 햇빛이다.

더 이상 두려워하며 일을 뒤로 미루지 말고 빨리 행동하자. 늑장은 공포의 산물이자 부의 축적을 방해하는 적이다. 공포를 극복하려면 망설이지 말고 행동해야 하는데, 그러면 걱정이 없어지고 공포심도 점차 사라져 당황하지 않게 된다.

반딧불은 날갯짓을 할 때만 빛이 난다. 다른 사람들이 화려한 나비 날개를 달고 나는 것을 부러워할 필요 없다. 그들은 태양이 지는 밤이 되면 보이지 않는다. 스스로 빛을 내는 반딧불처럼 날개를 움직여 성공을 향해 날아가라. 행동은 기회를 창조한다. 당신은 모든 방법을 동원해서 자신의 우수성을 세상에 알릴 수 있다. 하지만 그러기 위해서는 먼저 행동으로 진가를 보여주어야 한다.

'오늘 할 일을 내일로 미루지 마라' 라는 말은 모르는 사람이 없다. 그만큼 인생의 큰 진리를 담은 격언이라는 뜻이다. 더 이상 오늘의 책임을 내일로 미루어서는 안 된다. 이런 사람에게 내일은 영원히 오지 않기 때문이다. 행동하라. 당장 성공하지 못하더라도 가만히 죽기를 기다리는 것보다 실패라도 겪는 것이 낫지 않은가. 행동이 반드시 성공이라는 열매를 맺지는 못하지만 행동하지 않으면 모든 열매들은 맺기도 전에 썩고 말 것이다.

해야 할 일이 많은데 좀처럼 게으름에서 벗어날 수 없을 때도 있다. 이런 때면 우선 **아무 일이나 손에 잡아보자.** 그것이 어떤 일인지는 중요하지 않다. 일하지 않고 시간을 흘려보내는 습관을 이기는 것이 중요하다. 하기 싫은 일일수록 빨리 해야 하는데, 그렇지 않으면 그 일에 얽매여 더욱더 하기 싫어지기 때문이다. 하기 싫고 즐겁지 않은 일이라도 미루지 않고 바로 시작하면 성취감을 느낄 수 있고 자신감이 붙는다. **움직이는 사람에게는 꿈을 이룰 수 있는 좋은 기회가 생긴다.**

Day 13 자기PR

나는 사람들에게 호감을 주는 매력적인 사람이다

사람과 사람 사이의 호감은 접촉과 대화를 통해서만 형성된다. 상사와 직접적으로 접촉해야 자신의 능력을 알릴 수 있고 평가의 기회를 얻을 수 있다.

월터는 광고회사에 다닌다. 그가 다니는 회사는 가히 인재들의 집합소라 불릴 만 곳이었다. 명문대학의 수재들이 넘치는 일터에서, 평범한 대학의 학사로 졸업한 월터는 그저 눈에 띠지 않는 일개 직원에 불과했다. 하지만 성실성 하나만큼은 최고여서 다른 직원들이 자기 일만 하고 퇴근할 때 그는 맡은 바 임무 외에도 다른 일까지 마다하지 않고 했다. 그 탓에 늦게까지 사무실에 남아 있을 때가 많았다.

어느 날 퇴근을 하던 사장이 늦게까지 사무실에 남아있는 월터를 발견했다. 사장은 월터에게 반갑게 인사를 건네고는 한참 동안 대화를 나누었다. 그들은 일에 관해서도 많은 대화를 나누었는데, 이때 월터는 광고전략 및 제작, 경영방면에 관한 자신의 생각을 밝혔다. 이 일은 확실히 사장의 관심을 끌기에 충분했다.

이후에도 사장은 자주 월터를 찾아와 업무 및 그 외의 화제에 대해서도 이야기를 나누었다. 회사에 많은 인재가 있지만 이렇게까지 회사에 관심을 가진 직원은 찾아보기 힘들었던 것이다. 당연히 사장은 월터를 다시 보게 되었고 유능한 비서가 될 수 있을 것이라는 생각에 그를 자신의 개인 비서로 발탁했다.

월터는 어떻게 승진할 수 있었을까? 이는 그가 수동적으로 일하지 않고 자신에게 뛰어난 업무능력과 지도자의 재질이 있다는 것을 알리기 위해서 사장과 많은 교류를 가졌기 때문이다.

적극적으로 상사와 교류하면 상사의 의도를 빨리 파악해 일을 신속하고 정확하게 처리할 수 있다. 혹여 일이 더 많아질까 두려운 나머지 상사와 접촉하는 것을 꺼려서는 안 된다. 먼저 적극적으로 상사를 찾아가고 업무, 회식, 출장과 같은 교류의 기회를 놓치지 말아야 한다. 그러면 상사도 당신을 잘 이해하게 될 뿐더러 당신도 상사에게 존경하는 마음을 전달할 수가 있어, 기회가 왔을 때 유리한 입장에 놓일 수 있다.

상사와 일대일로 교류하라

인재가 많은 조직에서 '침묵은 금'이라는 원칙을 고수하는 것은 서서히 죽음에 이르는 것이나 마찬가지다. 존재감이 없어지기 때문이다. 근무 태도가 성실하고 많은 성과를 거두는 것은 현 상태를 유지하는 것에 지나지 않는다. 한 단계 발전하려면 반드시 적극적으로 상사와 교류해야 한다.

앨버트는 미국 금융계의 유명인사다. 그가 처음 금융계에 들어왔을 때, 그의 동창들 중 상당수는 이미 높은 자리에 올라 있었다. 다시 말해서 이미 사장의 '심복'이 되어 있었던 것이다. 그들은 앨버트에게 가장 중요한 비결을 알려주었는데, 바로 사장과 적극적으로 대화하라는 것이었다.

대부분의 직원들은 사장 대하기를 어려워한다. 사장을 보면 입이 얼어붙고 행동도 부자연스러워지고 불편해한다. 직접 보고할 일이 있으면 면전에서 질책당하는 것을 피하기 위해 동료에게 부탁하거나 서신으로 대신하곤 한다. 그런데 이러면 시간이 지날수록 사장과의 사이는 더욱 멀어질 수밖에 없다. 사람과 사람 사이의 호감은 접촉과 대화를 통해서만 형성된다. 따라서 사장과 직접적으로 접촉해야 자신의 능력을 알릴 수 있고 평가의 기회를 얻을 수 있다.

상사의 신임을 얻고 그 상사의 '라인'에 편입되기 위해서는 평소 상사와 자주 어울리고 상사와 접촉할 수 있는 통로를 적극적으로 만들어야 한다. 그래야 상사의 마음을 알 수 있고 서로에 대한 이해도도 높아진다. 일단 용기를 가지고 상사와 접촉하라. 대신에 행동은 자연스러워야 한다.

자신과 자주 접촉하지 않고 활발하게 교류하지 않는 사람들에 관해 상사들은 다음과 같이 생각하기 쉽다. 첫째, 자만심이 많고 자아도취적인 경향이 있어 상사와 접촉 및 교류를 원하지 않는다. 둘째, 황소처럼 일을 열심히 하고 정직하지만 워낙

윗사람을 어려워해 상사와 접촉하는 것을 두려워한다. 셋째, 주로 구체적인 일을 하거나 전문성이 떨어져 상사와 접촉할 기회가 적다. 넷째, 회사나 업무에 큰 관심이 없어 상사와 접촉할 이유가 없다고 생각해 피해다닌다. 이와 같은 오해를 사길 바라는 사람은 없을 것이다.

상사의 입장에서는 회사 일에 관심이 별로 없고 교류가 적어 자신의 '사정거리' 밖에 있으면 중요한 임무를 맡기기가 매우 힘들다. 부하직원의 입장에서도 표현의 기회를 잃으면 자신의 능력을 부각시키기 힘들고 회사 내 경쟁에서 불이익을 당할 수밖에 없다.

결과적으로 상사와 교류가 적은 것은 자신의 앞날과 발전에 무책임한 태도를 취하는 것이나 다름없는 것이다.

"퇴근 후에 상사와 직원들과 함께 회식자리를 가졌다. 나는 상사 때문에 불편함을 느끼고 얼마 있다가 바로 일행을 떠나 혼자 포장마차에 들어갔다. 한두 번도 아니고 나도 내가 왜 이러는지 모르겠다. 아마 선천적으로 상사를 두려워하는 유전자를 타고났나 보다. 점심시간에 상사를 만났을 때는 먼저 인사하기는커녕 황급히 자리를 떠났다."

만약에 이것이 당신의 이야기라면 시간이 지날수록 상사와 더욱 서먹서먹해질 수밖에 없다. 의도하지 않게 일하기 싫어하는 소극적인 직원이라는 인상을 남겨 승진의 기회를 잃을지도 모른다.

| 상사와 교류하는 법 |

적극적으로 상사와 교류하라고 해서 상사의 사적인 생활을 캐라는 뜻은 아니다. 어떤 사람들은 상사의 비밀을 함께 나누는 것이 관계를 더욱 돈독하게 만든다고 믿는데 이는 완전히 잘못된 생각이다. 비밀이라면 남에게 숨기고 싶은 이야기인데 어느 누가 자신의 비밀을 알고 있는 사람을 곁에 두려고 하겠는가? 어떤 상사는 일시적인 기분에 자신의 비밀을 자랑처럼 털어놓을 수도 있지만 나중에는 반드시 후회하게 마련이다.

따라서 상사의 비밀을 들었을 때는 못 들은 척 하거나 상황을 모면할 수 있는 방법을 찾아야 한다. 가장 좋은 방법은 비밀이 새나가지 않도록 입을 꾹 다무는 것이다. **상사와는 결코 '좋은 친구'가 될 수 없다.** 만약 상사와 직장동료 이상의 친밀한 관계를 가질 수 있으리라 생각한다면 그건 당신의 착각일 뿐이다. 비밀은 대개 남에게 숨기고 싶은 무엇, 즉 약점이기 쉽다. 어떤 상사이든 자신의 약점을 아는 부하는 견제하기 마련이다. 따라서 **상사의 비밀을 지나치게 많이 아는 것은 스스로 위험한 길로 걸어 들어가는 것**이라는 사실을 기억해야 한다.

상사와 교류할 때는 **상사 주변의 인물들과도 좋은 관계를 형성해야 한다.** 이는 상사와 좋은 관계를 형성하는 것보다 더욱 어려운 일이다. 상사와 관계가 좋은 사람은 종종 상사가 주관하는 일과 그 일에 동원되는 인재를 결정하는 데 중요한 영향을 미친다. 그래서 상사와 친한 사람에게 비난당하는 것만으로도 당신에 대한 신뢰에 균열이 생길 수도 있다.

회사의 모든 임원들이 회사의 방침을 결정하는 데 직접적으로 참여하는 것은 아니지만, 비공식적인 방법으로 상사에게 영향력을 행사하는 것은 가능하다. 상사도 정서적인 요인의 영향을 받아 객관적으로 일을 처리하지 못할 때가 있다. 일반적으로 상사의 친척들이나 친구, 비서는 다른 사람들보다 감정적으로 상사와 더욱 친밀하게 마련이다. 그래서 이들의 생각은 상사에게도 영향을 미치는데, 어떤 사람들은 이 방면에 소홀했다가 상사의 부인이나 친구들에게 미움을 사서 상사에게도 좋지 못한 인상을 남기기도 한다.

상사들은 직원을 평가할 때 종종 자신의 주관적인 인상보다 다른 사람들이 객관적으로 다각도에서 내린 판단을 따를 때가 있다. 직접 함께 일하는 사람이나 중간 관리자의 의견을 들을 때도 많다. 하지만 평가의 신뢰도에 대해서 말하자면 먼저 상사의 주변 사람들의 영향이 가장 크다. 비록 그들의 생각이 틀릴 수도 있지만 보통 믿는 사람들을 가까이에 두고 일하기 때문에, 그들의 의견을 많이 참조한다.

사장이나 상사와 교류를 많이 하라는 것은 그들에게 잘 보이기 위해 수단과 방법을 가리지 말라거나 업무나 재능보다 그것이 중요하다는 뜻이 아니다. 다만 자신의 실력을 알리고 기회를 만드는 것도 무시해서는 안 된다는 말이다. 이 역시 성공을 가름하는 중요한 '능력'이다.

Day 14 휴식

아주 편안하다, 피로가 풀리고 활력이 솟아난다

미국의 경제학자인 프레드릭 윈슬로 테일러Frederick Winslow Taylor는 베들레헴 스틸에서 일할 때, 휴식시간이 길수록 노동자들이 더 많은 일을 할 수 있다는 사실을 증명했다.

당시 베들레헴 스틸의 노동자 대부분은 매일 12.5톤에 달하는 철강을 화물차에 실었는데, 그 바람에 중년이 되면 거의 근육을 쓰지 못했다. 그러나 그의 이론에 따르면 노동자들은 적어도 하루에 47.5톤을 운반할 수 있어야 했다. 계산대로라면 노동자들은 하루에 4배나 더 많은 일을 하고도 피로하지 않을 수 있었다.

테일러는 자신의 이론을 증명해보기로 결심했다. 그는 슈미트라는 노동자에게 자신이 말하는 대로 정확히 시간을 지켜 일해보자고 제의했다. 테일러는 스톱워치를 들고 슈미트를 따라다니며 지시했다.

"철을 옮기세요…… 자, 이제 앉아서 쉬세요…… 다시 철을 옮기세요…… 다시 쉬세요."

과연 결과는 어떻게 되었을까? 다른 사람들이 매일 12.5톤의 철을 운반할 때 슈미트는 47.5톤을 운반했다. 그리고 테일러가 베들레헴 스틸에서 일하는 3년 동안 슈미트는 줄곧 같은 작업량을 유지했다. 슈미트가 이렇게 할 수 있었던 이유는 피곤해지기 전에 휴식을 취했기 때문이었다. 그는 매번 26분 동안 일하고 34분을 쉬었는데, 쉬는 시간이 더 많았음에도 불구하고 남들보다 4배나 많이 일했다.

| 피곤해지기 전에 쉬어라 |

휴식은 아무것도 안 하는 것이 아니라 재충전을 하는 것이다. 짧게라도 휴식을 취하면 에너지를 보충할 수 있는데, 단 5분을 자는 것도 피로를 예방하는 데 도움이 된다. 반드시 피로해지기 전에 휴식을 취해야 한다. 그래야 큰 효과를 얻을 수 있다. 왜 그럴까?

하루 동안 우리 몸에 흐르는 혈액의 양은 기차 한 량을 채우고도 남고, 24시간 소비하는 에너지는 삽으로 20톤의 석탄을 쌓아올리는 에너지와 맞먹는다. 심장은 이렇게 믿기 어려운 작업량을 50년에서 많게는 90년 동안 유지한다. 과연 심장은 이 막대한 작업량을 어떻게 감당하는 것일까?

과학자들의 연구에 따르면, 심장은 사람들이 생각하는 것처럼 하루 종일 쉬지 않고 뛰는 것이 아니라고 한다. 매번 수축할 때마다 심장은 아주 잠깐 동안이라도 멎는다. 심장이 정상 속도로 일 분에 70번 박동하면 하루에 겨우 9시간만 뛰는 셈이다. 다시 말해서 9시간을 빼면 하루에 장장 15시간을 쉬는 것이다. 심장의 박동처럼 평소에 적절한 휴식을 취하면 효과적으로 피로를 예방할 수 있을 뿐더러 감기와 같은 질병에 대한 신체의 면역력과 우울증, 공포심에 대한 저항력이 높아진다.

그렇다면 어떻게 휴식을 취해야 할까? 점심시간이나 저녁시간에 한 시간씩 잠깐 잠을 청하라. 이는 매일 하루에 한 시간을 투자하여 머리를 맑아지게 하는 효과가 있다. 수면시간이 일곱 시간인 사람이 점심이나 저녁식사 전에 한 시간씩 자면 하루에 총 여덟 시간을 자는 셈인데, 이는 연달아 여덟 시간을 자는 것보다 훨씬 이로운 점이 많다.

| 어떻게 하면 편안해질 수 있을까 |

현대인들은 직장에서나 집에서나 좀처럼 편하게 쉬지 못한다. 언제 어디에 있건 스트레스에 시달리기 때문에 반드시 자신만의 편안히 휴식을 취하는 법을 찾아야만 한다.

한번 바닥에 누워보라. 딱딱한 바닥이라도 상관없다. 사실 땅의 저항력은 척추의 건강에 이롭기 때문에 푹신한 침대보다 딱딱한 바닥에 눕는 것이 더욱 좋다. 지금 소개하는 운동은 가볍게 집에서 할 수 있는 것으로, 일주일만 해도 몸이 달라지는 것을 느낄 수 있을 것이다.

하루에 두 번씩 바닥에 누워 최대한 몸을 늘인다. 반대로 몸을 뒤집어서도 똑같이 해준다. 그런 다음에는 눈을 감고 조용히 1~2분 정도 힘을 빼고 몸을 늘어뜨려준다.

바닥에 누울 수 없는 상황일 때는 딱딱한 의자에 앉아 운동해보자. 허리를 곧게 펴고 손은 손바닥이 아래로 가도록 허벅지 위에 올려놓는다. 발가락을 천천히 구부렸다가 다시 천천히 펴고, 그 다음에는 발목을 천천히 구부렸다가 다시 천천히 편다. 이런 식으로 목까지 천천히 운동해준다. 목은 축구공 굴리듯 머리를 앞뒤, 좌우로 돌린다. 이런 운동을 통한 느리고 안정적이며 규칙적인 호흡은 신경을 안정시켜준다.

큰일을 하는 사람들은 마치 자신이 세상에서 가장 바쁜 사람인 양 하루 종일 힘들게 일하지 않는다. 생활 속에서 성과를 이루어내는 사람은 충만한 생명력으로 각종 질병에 저항하고 어려움을 이겨내며 공격에 대응한다. 하지만 평소 활력이 없는 사람은 약한 공격에도 힘겨워한다.

부탁받은 일은 최선을 다해서 하고,
능력이 모자란 일은 처음부터 맡지 말아야 한다.

- 조지 워싱턴(George Washington)

Part 3
소통의 습관

Day 15 감정제어

나는 내 감정의 주인이다

평범한 대학생 테리. 그는 대학을 졸업한 후, 한 기업의 비서로 취직했다. 처음 출근해서 몇 달간, 그는 회사의 여러 가지 상황을 견딜 수가 없었다. 다른 직원들이 손도 까딱 않고 자신을 하인 부리듯 이런저런 잔심부름을 시키는 바람에 자존심이 많이 상했던 것이다.

그런데 가만히 생각해보니, 그리 화낼 일도 아니었다. 다만 각오했던 것에 비해 처지가 좀 비참하게 느껴질 뿐, 사회초년생으로서 자신이 해야 할 일이었기 때문이다. 그는 이를 악물고 일했다. 때로 자신이 이중인격 같다는 생각이 들기도 했지만 보고할 때만큼은 미소를 잃지 않았다. 하지만 참다 참다 결국에는 일이 터지고야 말았다.

일이 일어난 것은, 사장의 여비서가 자리를 비웠을 때였다. 테리가 한창 일하고 있는데 사장이 커피 심부름을 시키는 것이 아닌가. 원래부터 불만이 쌓일 대로 쌓여 있었던 테리는 자기도 모르게 얼굴을 붉혔고, 그때 하필이면 사장이 그 얼굴을 보고 말았다.

"커피 한잔 타오라는 게 그렇게 억울한가? 자네에게 커피 타는 것 이상의 재능이 있는 건 알지만 반드시 이 과정을 거쳐야 하네."

사장은 이렇게 말하며 테리에게 앉으라고 했다. 그런데 아무리 살펴도 앉을만한 의자가 없었다. 어쩔 줄 몰라 망설이는 그에게 사장이 말했다.

"마음에 불만이 가득한 사람은 영원히 편안한 의자를 찾을 수 없는 법이야."

사장의 진심어린 충고와 인자한 얼굴에 테리는 마음이 한결 가벼워졌다. 얼른 커피를 타주고 사장의 책상을 정리하던 테리는 책상 위에서 부드러운 모래 한줌을 발견했다. '이상하다. 왜 책상에 모래가 있지?'

사장은 테리의 마음을 눈치 챘는지 모래를 쥐어보였다. 모래가 손가락 사이로 부드럽게 흘러내렸다. 사장이 웃으며 말했다.

"나도 자네처럼 모든 일에 화가 날 때가 있었지. 하지만 지금은 화를 누그러뜨리는 법을 배웠어."

그 모래는 심리학자인 사장의 친구가 그에게 선물한 '화풀이용' 모래였다. 화가 날 때 만지면 긴장이 완화되는 효과가 있다고 한다. 그 모래는 사장이 일개 아르바이트생이었던 청년에서 중년이 되고 진중하고 노련한 사장이 되기까지 늘 그와 함께 했다. 사장이 말했다.

"자신의 감정을 잘 조절해야 다른 일도 잘 할 수 있다네."

| 감정이 성패를 좌우한다 |

사람들은 감정에 휩싸이면 어리석은 짓도 마다하지 않고 할 때가 있다. 그래서 별로 대수롭지 않은 일로 싸우다가 목숨을 잃는 어이없는 일도 생기는 것이다. 실제로 러시아 출신 작가 푸슈킨은 아내를 짝사랑했던 남자와 결투를 하다가 부상당해 목숨을 잃었다. 또한 감정이 앞서면 큰 목적을 잃고 실수를 하기도 하는데, 서초패왕인 항우는 판단력이 흐려져 유방을 끝내 암살하지 못했다가 훗날 그에게 천하를 빼앗기고 말았다.

감정을 조절하지 못해 치명적인 실수를 한 예는 너무나 많다. 지나고 나서 보면 전혀 그럴 필요가 없는 일이었는데도 말이다. 모두 격앙된 감정에 이성이 마비된 탓이다. 이는 전쟁에서도 활용되었다. 이른바 '격장법激將法'이라고 불리는 이 방법은 상대방의 정서를 자극하고 흥분시켜 적군이 이성을 잃고 실수하도록 유인하는 것이다.

초나라와 한나라가 전쟁을 벌일 당시 항우는 유방의 아버지를 인질로 잡아 삶아 죽이겠다며 유방을 압박했다. 하지만 유방은 감정에 휘말리지 않고 이성적으로 대응했다. 그는 예전에 자신과 항우가 의형제를 맺은 사실을 기억하고, 내 아버지는 항우의 아버지이기도 하니 아버지를 삶아 죽이거든 자신에게도 그 고기를 나눠달라고 했다. 예상치 못한 유방의 반응에 항우는 속수무책으로 있다가 결국에는 유방의 아버지를 풀어주었다.

제갈량과 사마의가 기산전투를 벌일 때였다. 제갈량은 하루빨리 천하의 자웅을 가려내고 싶었다. 하지만 사마의는 먼저 제갈량의 사기를 꺾은 다음에 기회를 봐서 승리를 거두고자 짐짓 지친 척 하며 군대를 움직이지 않았다. 기다리다 마음이 조급해진 제갈량은 최후의 방법으로 여장한 군인들을 사마의에게 보냈다. 참을 수 없는 모욕을 주면 사마의가 모습을 드러낼 것이라고 생각해서였다. 그러나 사마의는 끝내 모습을 드러내지 않았다. 제갈량이 천하의 재략가라지만 그로서도 속수무책이었다. 사마의가 모욕을 당하고도 끝까지 감정에 휘말리지 않았기 때문이다.

정서의 포로가 되어 격장법에 완전히 말려든 예도 있다.

제갈량과 일곱 번 싸워 일곱 번 모두 패한 맹획은 감정에 쉽게 휩싸이는 인물로, 실력이나 지혜면에서 모두 제갈량에 미치지 못했다. 첫 번째 전투에서 제갈량은 대군을 동원하여 맹획을 압박했는데 맹획은 지략을 쓰지 않고 적군을 우습게 봤다가 전투에서 패하고 말았다. 제갈량에 패한 뒤 맹획은 화가 난 나머지 신중하게 전략을 세우지 않고 다시 군대를 이끌고 전투에 나갔다가 참패를 맛보았다. 뒤이어 또 전투를 벌였지만 역시나 지고 말았다.

이렇게 연이어 전투에서 패배하자 맹획은 화가 나서 견딜 수 없었다. 다시 전투가 벌어졌을 때, 맹획의 눈에 저 멀리 제갈량이 몇몇 책사들만 대동한 채 부채를 부치며 앉아 있는 모습이 들어왔다. 맹획은 제갈량을 보자마자 화가 치밀어 그의 목을 치기 위해 앞으로 돌진했다. 제갈량에게 칼을 휘두르는 순간, 맹획은 말에 탄 채로 땅으로 꺼져버렸다. 맹획이 자신을 보고 돌진할 줄 알고 제갈량이 미리 땅에 구덩이를 파놓은 것도 모른 채 달려오다가 그대로 함정에 빠진 것이다. 결국 맹획은 제갈량이 파놓은 구덩이에 빠진 것이 아니라 자신의 감정을 조절하지 못하는 성격 탓에 제갈량의 지략에 빠진 것이다.

| 감정을 어떻게 통제할 것인가 |

감정을 자제하지 못해 일을 그르치는 경우는 수도 없이 많다. 한번 생각해보자. 작은 일도 그냥 넘기지 못하고 화를 내는가? 화를 내다가 바보 같은 말을 한 적은 없는가? 감정을 통제하려고 노력하고 있는가?

자신의 감정을 통제하는 것은 불가능한 일이 아니다. 지금부터 구체적인 방법들을 알아보자.

첫 번째 방법 : 전이

오랜 시간 고통스러운 충격에 빠져 있으면 그 일뿐만 아니라 다른 일도 제대로 할 수 없고, 여러 후유증이 남아 건강이 나빠질 수 있다. 좋지 않은 감정이 생길수록 가치 있고 즐거운 활동으로 감정을 전이시키는 것이 좋다.

두 번째 방법 : 초월

초월은 참으로 어려운 일이다. 하지만 문제의 원점인 감정에서 벗어나기만 하면 그리 어려운 일도 아니다. 초월은 결코 소극적인 자기 위로가 아니다. 오히려 감정을 움직이는 적극적인 행위라고 할 수 있다.

대부분의 경우 고민은 작은 이익이나 사소한 일에 연연하는 편협한 마음에서 비롯된다. 더 넓은 범위에서 생각하면 그냥 넘길 수도 있는 하찮은 문제에 연연하다 보니, 큰일까지 그르치고 마는 것이다. 초월하기 위해서는 작은 일에 얽매이지 말고 넓은 시야를 가져야 한다.

세 번째 방법 : 승화

승화는 좋지 못한 감정을 유익한 방향으로 바꾸는 건설적인 의미와 가치를 가지고 있다. 슬픔, 분노, 원한, 모욕 등의 강렬하고 부정적인 감정도 긍정적인 에너지로 승화가 가능하다.

가장 아름다운 행동 중 하나는 적극적으로 노력해 자신을 한 차원 높은 단계로 승화시키는 것이다. 이는 생존과 발전을 도모할 때 가장 중요한 정서이자, 인류의 감정에서 나오는 가장 아름다운 불꽃이다. 프로이드Sigmund Freud는 승화를 건강하고 성숙한 사람만이 도달할 수 있는 자아방어의 최상의 경지로 보았다.

네 번째 방법 : 이용

여기서 '이용'은 나쁜 일을 좋은 일로 전환시키는 것으로, 두 가지 방법이 있다. 첫째, 시기와 객관적인 조건을 이용하는 것이다. 자신과 문제에 대해 진지하게 고민하여 주변의 상황을 잘 이용하면, 적극적으로 깨달음을 얻고 그 가운데 즐거움을 얻을 수 있다.

둘째, 정서를 이용하는 것이다. 시인이 격정적인 정서를 토대로 영원히 회자될 명시를 만들고 작곡가가 순간적으로 떠오른 영감을 감동적인 선율로 만드는 것처럼, 정서는 정취(情趣)로 승화가 가능하다. 진실한 감정이 강렬하게 들 때 이를 유익한 일로 전환시켜보자.

Day 16 의사표현

나는 내 의견을
당당하게 말할 수 있다

　제이미는 일을 시작한지 얼마 되지 않은 초보 은행원이다. 오랜만에 시골에서 올라온 어머니와 모처럼의 휴일을 보내게 되었다. 멀리서 오신 어머니를 모시고 도시의 이곳저곳을 구경시켜드리다 보니, 어느덧 점심 먹을 시간이 다가왔다.

　제이미의 수중에는 고작 20달러밖에 없었다. 아직 첫 월급을 받지 못한 탓에 생활비조차 빠듯했던 것이다. 돈이 모자랄까 염려된 그는 작은 식당에 가서 식사를 하려고 했다. 그런데 왠일인지 어머니는 굳이 고급 레스토랑을 고집했고, 제이미는 뭐라 제대로 대꾸도 하지 못한 채 어머니를 따라 고급 레스토랑으로 향했다.
　자리를 잡고 앉은 후, 어머니는 비싼 요리를 주문하기 시작했다. 제이미는 요리 가격에 오금이 다 저렸지만 티를 낼 수도 없는 노릇이어서 그저 마음껏 시키라는 마음에도 없는 소리만 반복할 따름이었다. 제이미는 주머니에 있는 20달러를 꾹 움켜쥐며 생각했다. '돈이 턱없이 부족한데 어떡하지?'

어머니는 아들이 불안해하는 것도 모르고 요리의 맛이 일품이라고 칭찬했다. 하지만 그는 아무 맛도 느낄 수 없었다.

최후의 순간은 오고야 말았다. 웨이터가 한껏 예의를 갖춰 제이미에게 계산서를 건넸던 것이다. 눈앞이 캄캄해졌다. 그런데 그 순간, 어머니가 온화한 미소를 지으며 값을 지불하는 것이 아닌가. 그리고는 제이미에게 말했다.
"네가 어떤 기분일지 알아. 난 이곳에 와서 식사를 하자고 하고 비싼 요리를 주문할 때도 네가 안 된다고 말하기를 기다렸어. 그런데 끝까지 말하지 않더구나. 때로는 과감하게 안 된다고 말하는 것이 최선의 선택일 때가 있단다."

| 안 되면 안 된다고 말하라 |

"안 된다"는 말은 쓰기도 쉽고 음절도 간단하지만 막상 사람들 앞에서 말하기는 매우 힘들다. 사람들은 다른 사람에게 이끌려 하기 싫은 일을 억지로 할 때가 많다. 무엇을 하라, 하지 마라는 말을 들으면 그 말을 거스르기가 어려운데, 특히 가까운 사람들이 요구할수록 거절하기는 더욱더 힘들어진다.

시간이 갈수록 이런 관계는 마치 한 쪽은 말하고 한 쪽은 들어야 하는 서로 간의 암묵적인 약속이 된다. 만약 상대방이 하라는 대로 고분고분하게 따르던 사람이 어느 날 갑자기 하기 싫다고 말한다면 어떻게 될까? 아마 상대방은 '마땅히' 해야 할 일을 하지 않은 것처럼 느끼며, 마치 약속을 어긴 듯이 두고두고 괘씸해하면서 화낼 것이다. 게다가 본인은 잘못한 것도 없이 죄책감에 시달리게 된다. 죄책감은 왜 드는 것일까? 서로 간의 감정이 상하지 않길 바라기 때문이다. 혹시 둘 사이의 관계가 나빠지면 자신이 거절했기 때문이라고 걱정하는 것이다.

암묵적으로 이런 관계를 지속해온 경우에는, 어쩌다 상대방의 요구를 거절했을 때 상대방은 기분이 나빠지고 본인은 미안해지게 마련이다. 왜 잘못한 것도 없이, 항상 다른 사람의 부탁을 들어주었음에도 불구하고 이런 마음에 시달려야 하는가? 당신이 정말 원하는 대로 거절하지 못해서다.

그러나 상황에 따라 거절하는 것에도 정도가 있어야 한다. 항상 된다고 말하는 것도 문제지만, 항상 안 된다고 거절만 할 바에야 사람들과 어울려 살 필요가 없지 않은가?

거절할 때는 먼저 마음으로 생각해야 한다. 누군가가 돈을 빌려달라거나 어떤 일을 부탁할 때 이익을 떠나서 과연 진심으로 그렇게 해주고 싶은지 자문해보라. 만약에 해주고 싶으면 복잡하게 생각할 필요 없이 부탁을 들어주면 된다. 하지만 그렇지 않을 때는 거절해야 한다. 강제로 하는 일은 즐겁지 않을 뿐더러 내내 '왜 그때 거절하지 못했을까?'라고 후회하게 되기 때문이다. 또한 어려운 일이거나 손해 보는 일이 아니더라도 진심에 위배되는 것이기에 나중엔 더 큰 것을 바라게 되고 부담이 된다.

따라서 원하지 않을 때는 과감하게 'NO'를 외쳐야 한다.

처음에는 어색하겠지만 하다보면 상대방이 얼굴 붉히는 일 없이 유연하게 거절할 수 있을 것이다. 그리고 나름대로 원칙이 생기면 무리한 요구나 부탁 때문에 부담을 느끼는 일도 없어 지고 거절해야 할 부탁과 꼭 들어주어야 할 부탁도 판단할 수 있게 된다.

| 거절의 예술 |

거절은 임기응변의 예술이다. 다른 사람의 부탁이나 능력 밖의 일을 거절하지 못하고 받아들이면 결국에는 상대방에게 실망감만 안겨준다. 하지만 직접적으로 거절하면 상대방이 불쾌해하고 심하게는 서로 원수가 되는 등 관계가 악화되는 것은 마찬가지다.

어떤 사람은 거절하고도 전혀 상대방의 기분을 상하게 하지 않는데, 어떤 사람은 거절을 하고 나서 원망을 사는 경우가 있다. 따라서 자신의 입장을 고수하되 불리한 입장에 처하지 않고 관계를 지속시키기 위해서는 지혜롭게 거절하는 법을 배워야 한다.

어떤 사람들은 초대를 받았을 때 거절하는 것은 예의에 어긋나기 때문에 무조건 참석해야 한다고 생각한다. 하지만 꼭 그래야 하는 것은 아니다. **가고 싶지 않을 때는 다음과 같이 완곡하게 말하면 된다.**

"초대해 주셔서 감사합니다. 그런데 어떡하죠? 제가 그날 일이 있어서요. 대신

가족분들께 꼭 안부 전해주세요."

거절할 때는 직접적으로 거절해서는 안 된다. 만약에 "세상에서 제가 제일 싫어하는 게 파티예요. 특히 그 파티는 어쩐지 마음이 안 내키네요. 전 안 갈래요."라고 말한다면 상대방이 얼마나 불쾌하겠는가? 거절할 때는 실례가 되지 않도록 완곡하게 거절해야 한다.

유머를 이용하는 것도 좋은 방법이다.

유머를 이용하면 난처할 수 있는 분위기를 풀어줄 수 있다. 예컨대 톰이 길거리에서 한스를 만나 안부를 물었다.

"한스, 무슨 일 있어? 안색이 안 좋아."

"실은 빚이 조금 있는데 요새 그거 갚느라 말도 아니야. 골이 다 지끈거려서 잠도 잘 수가 없다고. 그래서 말인데 말이야. 톰, 어떻게 좀 도와줄 수 없겠니?"

"친구 좋다는 게 뭐야. 당연히 도와줘야지. 내일 우리 집에 와. 집에 수면제가 있거든."

어떤 직원이 연봉을 높이기 위해서 사장에게 눈물 작전을 폈다.

"사장님, 제발 저 좀 살려주세요. 지금 월급으로는 도저히 아내와 같이 살 수 없어요."

사장이 대답했다.

"좋아. 내가 자네 대신에 부인에게 이혼하지 말라고 말해주지."

완곡하게 거절하는 것은 일종의 책략이자 예술이요, 상대방을 위한 배려다. 현대인이라면 마땅히 이런 문화의식과 인간관계를 풍부하게 만드는 대화법을 배워야 한다. 또한 이런 대화법은 대외적으로는 당신을 똑부러지는 사람으로 보이게 하며, 개인적으로는 쓸데 없는 시간 낭비나 마음 고생을 덜어줄 것이다.

Day 17 인정

반성하고 인정함으로써
나는 날마다 나아진다

양을 훔치다가 걸려 감옥에 들어온 두 사람이 있었다. 이들에게는 이마에 양 도둑Sheep Thief을 의미하는 영문자 'ST'를 낙인찍은 다음에 석방시키라는 벌이 내려졌다.

그 중 한 사람은 도저히 이런 모욕을 참을 수가 없어 고향을 떠났다. 하지만 낯선 곳에서도 사람들이 계속해서 'ST'가 무슨 뜻이냐고 묻는 바람에 그는 안정을 찾을 수 없었다. 결국 그는 계속 우울증에 시달리다 삶을 마감했다.

하지만 나머지 한 사람은 다르게 생각했다. '내가 양 도둑이었던 건 사실이지만 더 이상 이렇게 살고 싶진 않아. 난 도망가지 않겠어. 다시 존경받고 말 테야.'

1년이 흐르고 2년이 흐르고, 그는 새롭게 정직한 명예를 쌓아갔다. 그러던 어느 날, 한 이방인이 그의 이마에 있는 글자를 보고 동네 사람에게 무슨 뜻이냐고 물었다. 그러자 동네 사람은 웃으며 이렇게 대답했다.

"글쎄요. 워낙 오래 전에 있었던 일이어서요. 아마 성인Saint의 약자가 아닌가 싶은데요."

카네기Dale Carnegie는 말했다. "고개를 들고 자신의 잘못을 떳떳이 인정할 수 있으면 잘못이 오히려 당신에게 도움이 될 것이다. 잘못을 인정하면 자신감이 생길 뿐더러 자신에 대한 사람들의 존경심도 높아지기 때문이다."

| 변명하지 마라 |

아이가 커서 말을 알아듣는 나이가 되면, 부모나 교사들은 잘못을 인정하게 하고 그 다음에 고치도록 노력하라고 지도해야 한다. 주변을 둘러보라. 잘못을 하고도 "전 원래 태어날 때부터 ……를 못해요" "일찍 나왔는데 ……해서 지각했어요" "……때문에 아직 완성하지 못했어요" 라는 변명을 늘어놓는 사람들이 많다.

잘못을 했을 때 "죄송합니다" 라고 말하기가 그렇게 힘든가? 사람들은 동료나 친구 앞에서 체면을 잃거나 상사나 어른에게 신뢰를 잃을까봐, 또 후배 앞에서 위엄을 잃거나 일에 대한 책임을 물게 될까봐 걱정하며 점점 용기를 잃고 자아를 잃어간다.

사실 큰 잘못이건 작은 잘못이건, 잘못을 했다는 점에는 차이가 없다. 돌이켜보면 우리는 얼마나 많이 실수하고도 즉시 "제가 잘못했네요. 죄송합니다" 라고 말하지 않는지, 갖은 이유와 변명으로 책임을 회피하려고 하는지 깨닫게 될 것이다.

죄송하다고 말하며 잘못을 인정하는 것이 무능력하고 체면을 잃는 일인가? 신뢰와 존엄성을 잃는 일인가? 금술이 좋은 부부나 동료애가 돈독한 직장인들을 보라. 그들은 모두 서로에게 자신의 잘못을 솔직하게 인정한다. 인식을 새롭게 하라. 잘못을 인정하는 것은 결코 체면이 깎이고 무능력을 인정하는 일이 아니다. 오히려 잘못에서 교훈을 얻으려는 지혜로운 일이다. 실수와 잘못을 통해 배운 사실은 좀처럼 잊혀지지 않기 때문이다.

물론 속마음은 다르면서 겉으로만 잘못을 인정하는 것은 누구에게도 이롭지 않다. 진심으로 잘못을 인정해야 문제가 해결되고 이로부터 교훈을 얻어 같은 실수와 잘못을 반복하지 않을 수 있다. 전철을 밟지 않기 위해서 노력하다 보면 진정한 진보를 하게 된다. '실수를 하지 않는 것은 열정이 부족하기 때문이다' 고도 하지 않는가.

한번 저지른 잘못은 돌이킬 수 없지만 횟수를 줄일 수는 있다. 잘못을 하면 초등학생처럼 용감하고 진실하게 "죄송합니다. 제가 잘못했어요"라고 말하자. 누가 질책하지 않아도 자신에게 이렇게 말하자. 자신이 잘못을 인정하는 것만으로도 많은 문제를 해결할 수 있다. 변명은 어리석은 사람이나 하는 짓이다. 때문에 자신의 잘못을 인정하는 사람은 그렇지 않은 사람보다 더욱 현명하다고 할 수 있다.

미국의 독창적인 작가 앨버트 허버드Albert Hubbard는 종종 자극적인 말들로 사람들의 심기를 불편하게 만든다. 하지만 그에게는 적을 친구로 만드는 비범한 재주가 있다. 그는 화가 난 독자가 그의 관점에 동의할 수 없다는 모욕적인 편지를 보내오면 이렇게 답장을 써서 보냈다.

〈당신의 편지는 잘 받았습니다. 제 이야기를 하죠. 저도 제 관점이 항상 만족스럽지는 않습니다. 어제는 마음에 들었던 글이 오늘은 맘에 안 들 때가 있죠. 전 당신이 제기한 문제를 기쁘게 받아들이고 이해했습니다. 기회가 된다면 직접 만나 이 문제에 대해서 토론하고 싶군요.
 - 당신의 충실한 친구 앨버트로부터〉

그가 이렇게 나오는데 어느 누가 화를 낼 수 있겠는가? 정말 자신이 잘못한 것이 아니라고 생각하여 다른 사람들도 자신의 관점에 동의해주기를 바랄 때는 반드시 신중하고 전략적이어야 한다. 하지만 잘못을 했을 때는 바로 잘못을 시인해야 한다. 잘못을 인정하면 변명하는 것보다 마음이 편하고 뜻밖의 좋은 결과가 생기기도 한다.

| 사과의 기술 |

사과에도 요령이 있고 기술이 있다. 가끔 "난 잘못했다고 말하고 사과했지만, 그쪽이 받아주지 않았어요" 라고 하는 사람들이 있는데, 이는 십중팔구 사과의 방법이 잘못되었기 때문이다. 제대로 된 사과는 비온 뒤 땅이 굳듯 관계를 곤고히 만들지만, 잘못된 사과는 오해를 사거나 관계에 악영향을 미칠 수 있음을 항시 염두에 둬야 한다. 그렇다면 부부, 가족, 친구는 물론이고 직장상사와 부하 사이에서도 반드시 지켜져야 할 '사과의 기술' 을 알아보자.

첫째, 진실한 태도로 성실하게 사과하라.

불성실한 태도는 '난 잘못한 것이 없지만 어쩔 수 없이 사과한다'는 인상을 풍기며, 오히려 상대에게 모욕으로 느껴질 수 있다.

둘째, 입이 아닌 몸으로 하라!

사과란 내가 아닌 상대에게 구하는 것으로, 반드시 표현해야 한다. 이때 주의할 점은, 제대로 된 사과는 '말' 뿐이 아닌 '몸'으로 하는 것이란 사실이다. 사람들은 알게 모르게 상대의 제스처를 통해 그의 '진실성'을 간파하곤 한다. 사과의 눈빛을 담아 눈을 마주치고, 공손하고 부드러운 제스처로 마음을 전달하라.

〈워싱턴 포스트〉지의 기자였던 수잔 자코비Suzanne Jakoby는 말했다. "어린 시절에 어머니는 미안하다고 사과할 때는 땅을 보지 말고 고개를 들어 상대방의 눈을 보며 말해야 한다고 하셨습니다. 그래야 진심을 전달할 수 있다면서요. 어머니는 제게 솔직해야 한다는 훌륭한 사과의 방법을 알려주셨습니다. 어떤 일이건 거짓으로 꾸며서는 안 되죠."

셋째, 기왕에 미안하다고 말할 것이면 정정당당하게 하라!

사과란 자신의 잘못을 고치는 일종의 아름답고 존경할 만한 일이다. 때문에 숨을 필요도 없고 창피해할 필요도 없다. 지나치게 과장하거나 비굴한 태도는 진심으로 느껴지지 않을 수 있다.

넷째, 잘못을 깨달았다면 가능한 빨리 표현하도록 하자.

그래야 문제의 결과나 상대방의 화가 시간이 지남에 따라 점점 커지는 것을 막을 수 있다. 바로 사과할 수 없을 때에는 늦더라도 사과의 뜻을 꼭 전해야 한다.

다섯째, 체면은 생각하지 마라.

체면 때문에 아랫사람에게 사과할 수 없다는 윗사람들도 종종 있다. 자식에게 사과를 하면 체면이 깎여서 어떻게 아이를 다스리겠냐고 말하는 부모들도 많다. 그러나 체면을 버리고 잘못을 인정하는 것이야말로 존경을 얻는 길이다.

여섯째, 일의 경위는 가능한 간단하게 말하라.

구구절절하게 변명할수록 상대방의 양해를 얻기는 더욱 힘들어진다. 사과를 할 때는 잘못에 대한 자신의 의견보다 일의 경과를 간단하게 설명하는 것이 필요하다. 그래야 상대방도 자세한 사정을 알 수 있기 때문이다. 문제가 무엇인지 알면 당신이 왜 그런 잘못을 하게 되었는지도 이해할 수 있게 될 것이다.

일곱째, 능력 내에서 할 수 있는 일이면 빨리 처리하자.

자신의 잘못으로 상대방에게 비난을 받을 때는 반드시 그가 왜 그렇게 생각하는지 이유를 알아야 한다. 상대방의 입장에서 생각해 능력 내에서 할 수 있는 일이면 최대한 빨리 처리하도록 한다.

여덟째, 해명할 기회가 있어도 사과부터 하는 것이 옳다.

그 일이 생길만한 어쩔 수 없는 상황이 있었다 하더라도 해명하기 전에 우선 잘못을 인정하고 사과하는 것이 순서다. 할 말이 있을 때는 충동적으로 말하지 말고 상대의 입장에서 생각하여 겸손하게 말한다.

아홉째, 말이 어려우면 다른 방법을 찾아라.

차마 말하기가 쑥스러울 때나 상황과 장소 때문에 말로 사과하기가 어려울 때는 다른 방법으로 사과하는 것도 좋은 방법이다. 꽃을 보내거나 사죄의 동작을 취하고 눈빛을 보내보자.

어떤 연회에서 처칠과 그의 부인이 마주보고 앉아 있었다. 그런데 아까부터 처칠이 한쪽 손을 테이블에 올려놓고 두 손가락을 구부리고 있는 것이 아닌가. 이를 이상하게 여긴 사람들이 처칠 부인에게 물었다.

"남편이 무슨 하고 싶은 말이 있는 건가요? 왜 계속해서 손가락을 구부린 채로 움직이는 거죠?"

처칠 부인은 대답했다.

"사실 집에서 나오기 전에 둘이 약간 다투었거든요. 지금 남편이 잘못을 인정하고 손가락을 구부려 내게 사과하고 있네요."

Day 18 경청

나의 마음과 귀는
언제나 들을 준비가 되어있다

전기회사에서 일하는 웨버는 펜실베이니아 주의 네덜란드인 밀집 지역으로 시찰을 나갔다. 웨버는 어느 농장 앞을 지나다가 그 지역 담당자에게 물었다. "왜 이곳 사람들은 전자제품을 잘 안 쓰죠?"

담당자가 대답했다. "사람들이 워낙에 짜서 말이죠. 아마 이들에게 물건을 팔 수 있는 사람은 아무도 없을 겁니다. 게다가 여기선 우리 회사의 이미지가 별로 좋지 않아요. 제가 노력해봤지만 소용없었습니다."

웨버는 일단 주민들을 만나보기로 결심하고 첫 번째 집의 문을 두드렸다. 어떤 부인이 문을 빠끔히 열더니 웨버와 그 일행을 보고는 다시 문을 '쾅' 닫아버렸다. 웨버가 다시 문을 두드리자 부인이 화를 냈다.

"바쁘신데 방해해서 죄송하지만, 전 전자제품을 팔러 온 것이 아니라 댁의 달걀을 사러 왔습니다."

부인은 문을 조금 더 열더니 의심의 눈초리로 웨버를 보았다.

"도미니크 종 닭을 키우시더군요. 그 달걀을 좀 사고 싶습니다."

부인은 문을 조금 더 열고 말했다.

"우리 닭이 도미니크 종인지 어떻게 아셨소?"

"저도 닭을 키우거든요. 정말이지 이렇게 좋은 도미니크 종은 처음 봅니다."

"그럼 댁네 달걀을 먹지 그래요?"

부인은 여전히 석연치 않아 하는 눈치였다.

"제가 키우는 건 레그혼종이라서 흰 달걀을 낳아요. 부인께서도 잘 아시겠지만 케이크를 만들 때 흰 달걀은 황색 달걀만 못하죠. 그리고 제 집사람은 케이크를 기가 막히게 잘 만든답니다."

이쯤 되자 부인은 한결 부드러워진 태도로 문을 열고 나왔다. 웨버는 이 틈을 놓치지 않고 안을 들여다보았다. 잘 짜인 낙농설비가 보였다.

"감히 말하건대 바깥 선생님이 젖소를 키워 버는 돈보다 부인께서 닭을 키워 버는 돈이 훨씬 많을 겁니다."

부인은 '바로 그것'이라는 듯 흥분을 감추지 못했다. 실제로 그녀는 남편보다 더 많은 돈을 버는데 고집 센 남편은 이를 인정하려 들지 않았다.

그녀는 웨버 일행에게 양계장을 보여주었다. 웨버는 각종 설비들에 대해서 칭찬했다. 또한 좋은 사료를 알려주고 온도 유지하는 법을 가르쳐주었으며, 반대로 부인에게 몇 가지 궁금한 것들을 묻기도 했다. 그렇게 닭을 키운 경험을 서로 즐겁게 교환한 후, 그녀는 이웃이 양계장에 전등을 설치했는데 효과가 좋다는 말을 들었다면서 전등을 설치하는 것이 좋을지 웨버에게 물었다.

2주일 후, 부인의 도미니크 종 닭들은 전등 아래서 황색 달걀을 낳았다. 웨버는 전등을 설치하는 공사를 따내서 좋았고 부인은 닭들이 달걀을 많이 낳을 수 있게 되어서 좋았다.

만약에 웨버가 부인에게 말할 기회를 주지 않았으면 전등 공사를 유치할 수 있었을까? 때로는 말을 하는 것보다 다른 사람에게 말할 기회를 주는 것이 더욱 많은 것을 가져다준다.

| 혼자서만 말하지 마라 |

일상생활에서 많은 사람들이 범하는 실수 중의 하나는 혼자 너무 많은 말을 하는 것이다. 말을 너무 많이 하면 얻는 것보다 잃는 것이 많다.

말을 많이 하면 말실수를 하기 쉽고 다른 사람들로부터 많은 것을 얻을 수도 없는데, 이는 그 사람들이 인색해서가 아니라 그들에게 말할 기회가 주어지지 않았기 때문이다. 혼자 너무 말을 많이 하는 사람들은 이로 인해 손해를 볼 수 있으므로 이런 습관을 고치는 것이 좋다. 특히 판매원들은 소비자를 설득하기 위해 마음이 앞서 이 같은 실수를 자주 저지르는데, 사실상 소비자들은 판매원들보다 그 물건에 대해서 더 많은 생각을 가지고 있다. 할 말로 치면 오히려 소비자가 더 많은 것이다.

자신의 관점과 다른 의견을 들으면 그 사람의 말을 가로막고 싶은 충동이 생긴다. 하지만 그러면 상대방이 기분이 상할 수 있고 감정적으로 흥분한 나머지 다시는 당신과 대화하지 않으려고 할 수도 있다. 이럴 땐 그가 자신의 이야기를 충분히 하도록 인내심을 가지고 끝까지 들어주어야 한다. 아무 때나 하고 싶은 말을 해서는 대화가 이루어지지 않는다.

상대방의 말을 듣고만 있어도 곤란하다. 가끔씩 상대방의 이야기에 호응해줘야 한다. 예컨대 상대방이 낚시를 좋아한다고 말하면 "난 낚시 한번도 안 해봤는데, 재미있니?" "그럼, 직접 잡은 물고기로 매운탕 끓여본 적 있어?"라고 호응해주며 대화를 이어가는 것이 좋다.

또한 상대방의 말을 다 들은 다음에 자신의 의견을 덧붙여 쌍방향으로 교류가 되도록 한다. 예컨대 "우리 친척 중에 낚시광이 있는데 말이야……"라고 이야기를 이어가면 상대방은 들어주는 입장이 되는 것이다. 이렇게 공을 주고받듯이 역할을 바꿔가며 말하는 것은 성공적인 대화의 첫 번째 요소이다.

| 귀 기울여 들어라 |

하느님은 왜 인간에게 두 개의 귀와 하나의 입을 만들어 주셨을까? 이는 적게 말하고 많이 듣게 하기 위해서다.

미국의 과학자들은 동시에 같은 교육을 받았음에도 불구하고 보험설계사들마다 실적이 천차만별인 이유를 알아내기 위해서 연구를 진행한 적이 있다. 과학자들은 먼저 실적이 우수한 상위 10%의 보험설계사들과 하위 10%의 보험설계사들이 보험을 판매할 때 얼마나 많은 말을 하는지 조사해보았다. 그 결과가 상위 10%는 12분을 말하고 하위 10%는 30분을 말했다. 왜 12분을 말한 보험설계사들의 실적이 더 좋았던 것일까?

말을 적게 했다는 것은 말을 많이 들었다는 뜻이 된다. 고객의 말을 많이 들으면 그만큼 고객의 상황과 궁금증과 생각을 소상히 파악할 수 있는데, 이를 바탕으로 상응 조치를 취하면 문제를 쉽게 해결할 수 있기 때문에 당연히 실적이 좋을 수밖에 없는 것이다.

남의 말을 들어주는 것은 가정과 기업에서 매우 중요한 역할을 한다. 일본의 마쓰시타 전기산업의 창시자인 마쓰시타 고노스케松下幸之助는 남의 말을 잘 들어주는 사람이었다. 그는 상사가 부하직원의 의견을 들어주지 않는 일이 반복해서 일어나면 나중에는 부하직원들이 더 이상 의견을 제시하지 않고 아예 생각도 하지 않게 된다고 말했다. 어차피 의견을 제시해도 상사가 안 들어줄 것이 뻔하기 때문이다. 직원들이 더 이상 적극적이지 않고 아이디어도 내지 않으면 기업은 어떻게 될까? 도태될 수밖에 없다. 이는 가정도 마찬가지다.

남의 말을 들어주면 인간관계도 좋아진다. 사람들은 대개 말하기를 좋아하기 때문에 상대방의 말을 잘 들어주면 자연스럽게 친밀한 관계를 형성할 수 있다.

미국의 가장 영향력 있는 인생 지도자인 카네기가 어느 저명한 식물학자의 초대를 받았다. 식물학자는 저녁 내내 기괴한 많은 식물들에 대해서 얘기해주었다. 카네기는 어떻게 했을까? 그는 마치 재미있는 이야기를 듣는 아이처럼 눈 한번 돌리지 않고 간간히 질문을 던지며 식물학자의 말을 들어주었다. 늦은 밤이 되어 헤어질 때 식물학자는 카네기의 손을 잡고 어느 때보다도 만족해하며 말했다. "당신은 내가 만나본 최고의 대화 전문가입니다."

남의 말을 들어준다는 것은 그 사람에게 따뜻한 관심을 갖는 것을 뜻한다. 인생을 연극에 비유했을 때 자신을 무대의 주인공으로 세우고 다른 사람들을 관객으로 남겨두는 사람은 자기중심적이고 거만한 사람이다. 남의 말을 들어줄 줄 모르는 사람은 그들을 진심으로 이해할 수 없다. 다른 사람을 주인공으로 만들어주는 사람이야말로 결국 많은 관객 속에서 무대의 주인공이 될 수 있다. **상대방을 세상의 유일무이한 존재로 대하고 그들의 말을 들어라.** 그러면 예전보다 소통하기가 훨씬 쉬워질 것이다.

Day 19 신의

나는 신중하고
신뢰할 수 있는 사람이다

작년 말 사표를 쓴 프랜스의 후임으로 제시가 들어왔다. 자연히 제시는 프랜스가 사용했던 컴퓨터를 쓰게 되었다. 그러던 어느 날 점심시간, 제시가 함께 식사를 하던 동료에게 목소리를 낮추며 물었다. "혹시 회사에 제가 아는 밥 이외에 또 다른 밥이 있나요?"

동료는 회사에 밥이란 사람은 단 한 명뿐이라도 대답하며, 질문의 이유를 물었다. 그러자 제시가 난감하다는 듯 머리를 긁적이며 말했다.

"실은 전에 계시던 직원 분이 컴퓨터에 그 분에 관해 많은 이야기들을 써두셨더라고요."

프랜스는 과연 밥을 어떻게 생각했던 걸까? 혹시 다른 동료들에 대한 품평도 있지는 않을까? 궁금해진 몇몇 직원들이 몰려와 제시에게 문제의 파일을 보여달라고 부탁했다. 제시가 마지못해 연 파일에는 이런 내용이 적혀 있었다.

〈밥을 사랑한 지도 벌써 2년.〉

직원들은 눈이 휘둥그레졌다. 불행 중의 다행인 것은 아직 밥이 보지 못했다는 사실이었다. 그들은 파일을 끝까지 다 읽고는 제시의 어깨를 토닥이며 말했다.

"얼른 삭제하고 다시는 이 파일에 대해 말하지 말아요."

그런데 정작 말하고 싶어 참을 수 없는 것은 그들이었다.

"프랜스는 왜 이렇게 조심성이 없어. 지우고 나갔어야지."

"그렇게 오랫동안 짝사랑했으니 밥도 알고 있겠지? 밥이 안 받아주니까 일부러 이런 걸 남겨서 난처하게 만들려고 했던 거 아니야?"

"어쩌면 이 파일을 밥이 읽을 때까지 기다리는 걸 수도 있어. 어차피 밥의 부인은 아들을 데리고 외국에 나갔다지, 아마."

회사에 소문이 쫙 퍼진 '짝사랑 파일'이 밥의 손에 들어갔는지 안 들어갔는지 모르겠다. 어쨌든 제시는 밥의 눈총을 받다가 결국 반년도 안 돼 사표를 썼다. 그리고 마지막으로 사무실을 떠나기 전에 잊지 않고 그 파일을 삭제해버렸다.

| 다른 사람의 비밀을 아는 것은 위험한 일이다 |

태회가 송나라의 재상이 되자 많은 사람들이 그에게 잘 보이려고 애를 썼다. 그 중에서도 어떤 사람은 아부하는 실력이 뛰어나 줄곧 태회와 좋은 관계를 유지하며 덕을 많이 보았다.

그 중 한 장사꾼은 태회와의 관계를 한층 더 강화하기 위해서 좋은 방법을 생각하다가 귀한 물건인 페르시아 카펫을 구해 그에게 바쳤다. 하인들을 시켜 집에 깔았더니 모자라지도 남지도 않게 집안에 딱 맞았다. 사람들이 카펫을 보는 눈이 뛰어나다고 칭찬하자 장사꾼은 우쭐댔다.

하지만 태회의 속마음은 그리 편치 않았다. 원래 그 장사꾼은 태회의 환심을 사기 위해서 매번 태회의 집에 올 때마다 집의 크기를 눈으로 꼼꼼하게 쟀었다. 그랬기에 그가 보내온 카펫도 집에 딱 맞았던 것이다. 하지만 그의 행동은 태회의 마음을 살 수 없었을 뿐더러 나중에는 태회에게 덜미를 잡혀 죽고 말았다. 왜 그랬을까?

태회는 그 사람의 속셈이 매우 음흉하다고 생각했다. 집의 크기를 눈대중만으로도 그렇게 정확히 쟀으니, 자신에 대해서도 손바닥 들여다보듯 훤히 알 것이 아닌가. 이런 사람을 곁에 두는 것은 매우 위험한 일이라 여겼던 것이다.

태회뿐만 아니라 많은 사람들이 남이 자신의 비밀을 아는 것을 원하지 않는다. 역사상 이와 비슷한 일들이 많았다.

춘추전국시대 때 제나라의 권신인 전성자는 자신의 세력이 커지자 암암리에 임금의 자리를 찬탈하려는 계획을 세우고 있었다. 어느 날 전성자는 충신인 습사미와 함께 산에 올라 경치를 감상했다. 사방을 둘러보니 삼면이 탁 트인 것이 좋았으나 유독 남쪽만 나무가 우거져 앞이 보이지 않았다.

그런데 우연히도 그곳에는 습사미의 집이 있었다. 습사미는 전성자가 그 나무들을 베어버렸으면 좋겠다고 생각한다는 것을 눈치채고 이를 마음에 두었다.

집에 돌아온 뒤에 습사미는 하인을 불러 나무들을 베라고 시켰다. 그런데 하인이 몇 번 도끼질을 했을 때 돌연 그만두라고 하는 것이 아닌가. 하인은 속마음을 알 수 없다는 듯 물었다.

"어르신. 급하게 나무를 베라고 말씀하시고는 지금은 다시 멈추라고 하셨습니다. 왜 갑자기 마음을 바꾸셨는지요?"

습사미가 대답했다.

"옛말에 연못 속의 물고기를 잡는 것은 상서롭지 못하다고 했다. 지금 전성자는 제나라의 왕위를 노리고 있다. 만약에 내가 지금 나무를 베어내면 그의 의중을 알아챘다는 뜻이 되니, 내가 자신의 음모를 알고 있다고 그가 의심할 것이 아닌가. 그러면 나를 해칠지도 모르지.

나무를 베지 않는 건 죄가 아니다. 하지만 다른 사람이 말하지 않은 속마음을 아는 건 때로 큰 죄가 되지. 나무를 베지 않는 것이 좋겠다."

| 어떻게 비밀을 유지하는가 |

많은 경험들은 다른 사람의 비밀을 알려고 하지 말라고 말한다. 하지만 어느 때는 알려고 하지도 않았는데 무의식중에 알게 될 때가 있다. 이럴 땐 어떻게 해야 할까? 가장 좋은 방법은 못 들은 척 모르는 척하는 것이다.

또한 직장에서 개성은 업무상 창조를 하는 데 필요한 것이 아니면 가능한 표현하지 말아야 한다. 개성은 개인적인 것이고 일은 공적인 것이기 때문이다. 직장 동료와의 관계에서도 마찬가지다.

동료는 일의 파트너이지 생활의 반려자가 아니므로 부모형제처럼 진실로 당신을 포용하고 이해해달라고 요구해서는 안 된다. 동료 간에는 속마음을 터놓고 이해하는 것보다 평등하고 예의 있는 파트너 관계를 유지하는 것이 서로에게 부담을 주지 않는다. 만약 이해해주더라도 어디까지나 동료의 입장에서 이해해주어야지 마치 둘도 없는 친구처럼 구는 것은 위험하다. 그래야 어떤 말을 해야 하고 하지 말아야 하는지, 어떤 일을 사람들에게 알려선 안 되는지 더욱 잘 판단할 수 있다.

스스로 자신의 비밀을 잘 관리하는 것 외에 다른 사람들의 관심이나 정탐에 대응하는 것도 일종의 기술이다. 예컨대 동료가 친근하게 "요즘 어떻게 지내?"라고 물었을 때, 으레 "그냥 그렇지 뭐" 또는 "아주 좋아"라고 말하는 것 외에 뭘 더 할 수 있을까?

물론 서로가 동료 이상의 좀더 친밀한 사이라는 것을 표현하기 위해서 상대방이 선의의 관심에서 물었고 의례적인 대답 외에 다른 말을 더 해주기를 바랄지도 모른다. 그러나 동료로서의 선을 지키는 것이 서로 오랜 관계를 유지하는 데 도움이 된다는 사실을 기억해야 한다.

어떤 사람들은 다른 사람의 비밀에 관심을 가지는 것을 친밀한 관계의 암시나 친밀해지는 과정이라고 생각한다. 하지만 엄연히 다른 사람들과 함께 공유하기 불편한 일들도 있다. 사적인 일에 지나치게 동료를 끌어들이거나 관여한다거나, 이해를 요구하는 것은 현명하지 않다.

남의 비밀을 말하지 마라

사람들에게는 누구나 다 감추고 싶은 비밀이 있다. 그러기에 다른 사람의 비밀을 말해서는 안 된다. 다른 사람의 비밀을 말하는 것은 인격이 낮거나 교양이 없는 사람들이나 하는 짓으로 믿음이 있는 좋은 관계를 깨뜨릴 수도 있다.

다른 사람의 비밀을 지켜주려면 **대화 중에 애매모호하게 비밀의 내용을 암시하거나 비밀의 일부만 듣고서는 이에 관해 조금이라도 흘리는 것은 금물이다.** 세상은 넓고 이야기할 것들은 많은데 굳이 다른 사람들의 비밀을 화제로 삼을 필요가 있는가? 한번 뱉은 말은 다시 주워담을 수 없기에 소문이 퍼진 다음에 후회해도 그때는 소용없다. 사람들 사이의 관계는 매우 복잡하다. 문제를 야기하지 않기 위해서는 조심스러운 일에 대해서 함부로 말하지 말아야 한다.

심지어 다른 사람들의 비밀을 그럴듯하게 꾸며 과장해서 말하는 사람들이 있는데 인간사의 얼마나 많은 비극들이 이렇게 시작됐는지 아는가? **우연히 다른 사람들의 비밀을 말하는 것만으로도 은연중에 재앙의 불씨를 남길 수 있다.**

만약에 동료가 당신에게 자신의 비밀을 말해준다면 이는 그만큼 당신을 믿는다는 뜻이다. 그런데 당신이 다른 사람에게 비밀을 말한다면 틀림없이 그 동료는 비밀을 털어놓은 것을 후회하며 당신을 원망할 것이다. 믿은 만큼 배신감도 크기 때문이다. 따라서 동료 간의 우정을 지키기 위해서는 반드시 비밀을 지켜주어야 한다. 이 점이 지켜지지 않으면 아무도 당신을 믿지 않는다.

다른 사람의 비밀에 관심을 많이 가져서도 안 되지만 말해서는 더더욱 안 된다. 민감함과 세심함은 잘 사용하면 인간관계에 윤활유 역할을 하지만, 지나치게 동료의 사생활에 개입해 평가를 내리면 사람들의 미움을 사게 되고 회사의 '스피커'라는 오명을 쓰게 될 것이다.

Day 20 친밀

'우리'라고 말할 때마다
점점 더 행복해진다

어떤 심리학자가 세 개의 소집단을 만들어 각각 독재형, 방임형, 민주형 리더를 투입해 구성원들의 의식조사를 했다. 그 결과 민주형 리더가 있는 집단 구성원들의 공동체의식이 가장 높은 것으로 나타났다. 한 가지 흥미로운 점은 이 집단의 구성원들이 대부분 '우리'라는 말을 사용했다는 것이다.

강연회에서 강사가 "저는 이렇게 생각합니다"라고 말할 때보다 "우리는 이렇게 해야 합니다"라고 말할 때 청중들은 더욱 친밀감을 느낀다. '우리'라는 말에는 '당신도 일원이다'는 뜻이 있어 상대방의 참여의식을 높여주기 때문이다. 심리학에서는 이를 가리켜 '편입효과'라고 한다.

언어와 마음의 관계는 매우 미묘하다. 그래서 같은 의미의 말이라도 어떤 말은 상대방에게 반감을 주고 또 어떤 말은 무의식중에 협동심을 일으킨다. 다른 사람의 말을 들을 때 '나', '내 생각에는'이라는 말보다 '우리'라는 말을 들을 때의 기분이 더욱 좋은 것도 마찬가지다.

말할 때 '우리'라는 말을 많이 사용하는 것은 놀라운 효과를 나타낸다. '나' 대신에 '우리'라는 말을 많이 사용하면 사람들과의 심리적인 커리를 좁힐 수 있을 뿐더러 서로 간에 좋은 감정을 키울 수 있다. 영어에서 가장 작은 알파벳에 해당하는 '나(I)'라는 말이 당신이 사용하는 어휘 중에서 가장 큰 부분을 차지하게 해서는 안 된다.

모임에 참석한 어떤 사장은 말하는 3분 동안에 '나'라는 말을 무려 서른여섯 번이나 사용했다. 그는 '나' 아니면 '나의'라는 말로 대화를 이어갔는데, 주로 '내 회사' '내 직원'이라는 식이었다. 이 사장이 말을 마쳤을 때 안면이 있는 사람이 그에게 다가와 말했다.

"정말 유감이군요. 지금 이 순간 당신은 모든 직원들을 잃었습니다."

사장은 어리둥절하기만 했다.

"직원들을 잃었다고요? 그럴 리가요. 다들 열심히 일하는데요."

"내 회사라니요. 대체 당신의 직원들은 회사와 아무런 관계도 없다는 겁니까?"

| '우리' 라는 말로 대화를 시작하라 |

헨리 포드 2세는 꼴불견인 사람들에 대해서 이렇게 말했다.

"입에 '나'라는 말을 늘 달고 사는 사람, 언제 어디서나 '나'라고 말하는 사람은 어느 곳에서도 환영받지 못한다."

'나' 라는 말을 너무 많이 사용하거나 강조하면 상대방에게 자아가 매우 강한 사람이라는 인상을 줄 수 있다. 이는 서로의 관계에 방어선과 장애를 만들어 부정적인 영향을 준다.

'나' 라는 말 대신에 '우리' 라는 말을 사용하면 서로 간에 심리적 거리가 줄어들고 감정의 교류도 용이해진다. 예컨대 '제 생각에 오늘 오후에' 라고 말하기보다 '오늘 오후에 우리 다같이' 라고 말하는 것이 좋다.

반드시 '나' 라는 말을 사용해야 할 때는 '나' 를 강조하지 말고 부드럽게 말해야 한다. 눈에 힘을 주거나 의기양양한 태도를 취해서도 안 된다. 듣는 사람들이 잘난 척을 하고 있다거나 자신의 의견만 주장하려 한다는 생각이 들지 않도록, '나' 라는 사람에 초점을 맞춰 말하지 말고 객관적으로 말하는 자세가 필요하다.

Day 21 존중

나는 늘 겸허한 태도로 모든 만남에 감사한다

크롤리는 뉴욕 테일러 토목회사의 목재 판매원이다. 그는 지난 몇 년 동안 거래처 목재 점검원의 잘못을 날카롭게 지적해서 좋은 평판을 얻었는데, 결국은 이런 지적들이 전혀 소용이 없었다는 것을 깨달았다. 점검원들은 야구 심판처럼 일단 판결을 내리면 절대 결과를 바꾸지 않았기 때문이다.

크롤리는 비록 좋은 평판을 얻었지만 결과적으로 점검원의 잘못된 판결 때문에 회사에 많은 금전적 손해를 입혔다. 그러자 그는 더 이상 이런 언쟁을 하지 않겠다고 결심했다. 그러던 어느 날 그에게 새로운 깨달음을 주는 일이 일어났다.

"아침에 사무실 전화가 울렸습니다. 자신들이 요구한 목재가 오지 않고 엉뚱한 것이 왔다고 화를 내더군요. 빨리 와서 목재를 회수해 가라고 했어요. 그쪽 회사에서 목재의 25% 정도를 트럭에서 내렸을 때, 점검원들이 나머지 목재의 55%가 불량이라는 것을 발견하고는 바로 우리 측에 연락했던 것이죠.

전화를 끊고 전 바로 그쪽으로 달려갔습니다. 도중에 어떻게 하면 이 문제를 가장 잘 해결할 수 있을까 생각해봤어요. 보통 이럴 때 전 그간의 경험과 지식을 활용해서 점검원들을 설득합니다. 하지만 아무리 생각해봐도 처세 원칙을 활용하는 게 낫겠더군요.

공장에 도착하니 구매 담당직원과 점검원들의 표정이 하나같이 싸울 기세였어요. 전 목재가 실린 트럭 앞으로 가 어떤 상태인지 볼 테니 계속해서 목재를 내려달라고 부탁했습니다. 그리고 불량품인 목재는 합격한 목재 옆에 따로 놓아달라고 했어요.

한참을 보다 보니 그쪽의 검사가 너무 엄격하고 검사 기준도 잘못됐다는 것을 알 수 있었어요. 그 나무들은 모두 백송이었는데, 비록 그쪽 점검원들이 지식이 풍부한 건 알지만 백송을 점검한 적이 별로 없는 것 같더라고요. 전 백송에 대해서 잘 알고 있었고요. 하지만 그렇다고 그쪽 점검원들의 평가방법을 문제 삼을 순 없지 않습니까? 그래서 전 티를 내지 않고 그들에게 왜 그 나무들이 불합격인지 이유를 말해달라고 했습니다. 다시는 같은 실수를 하지 않기 위해서라면서요. 전 그들이 기분 좋도록 우호적인 말투로 말하고 불만을 느끼는 부분을 꼬집어달라고 했습니다. 그러자 분위기가 많이 누그러졌어요.

전 조심스럽게 그들이 퇴짜를 놓은 목재들이 실은 불량품이 아니라는 것을 넌지시 말했습니다. 매우 조심스럽게 말이지요. 그들의 태도도 점점 변했어요. 마지막에는 백송을 점검한 경험이 별로 없다고 인정하더군요. 그리고는 제게 백송에 대해서 이것저것 많이 물어봤어요. 전 왜 그 백송들이 불량품이 아닌지 차근히 설명했습니다. 만약 그들이 끝까지 받아들일 수 없다고 하면 전량 반송할 참이었고요.

그런데 그들은 무엇이 문제였는지 깨달았습니다. 바로 주문할 때 어떤 등급의 백송을 달라고 말하지 않았던 것이죠. 그들은 퇴짜를 놓은 목재들을 다시 점검하고 모두 받아들였습니다. 그래서 전 완전한 대금을 받아가지고 회사에 돌아올 수 있었어요.

이 일로 전 한 가지 사실을 깨달았습니다. 바로 다른 사람들을 질책하지 않고 그들의 의견을 존중해주면 회사의 손실을 줄일 수 있다는 것이죠. 물론 두 회사 간의 양호한 관계를 돈으로 따질 순 없지만요."

| 왜 내 의견은 맞고 다른 사람의 의견은 틀렸다는 것일까? |

다른 사람과 의견이 일치하지 않을 때 당신은 자신이 옳다고 주장하는가, 아니면 상대방의 의견에 대해서도 생각해보는가? 대개 나이가 많고 높은 자리에 있는 사람일수록 전자를 택한다. 그래야 체면이 서기 때문이다.

그러나 무조건 상대방의 의견을 존중하지 않으면 자신에게도 결코 이로울 것이 없다. 다른 사람의 의견이 옳음에도 불구하고 그 의견을 무시할 경우 바른 정보를 얻지 못해 잘못된 결론을 내리게 되고, 상대방의 자존심을 상하게 해 인간관계에도 부정적인 영향을 초래하기 때문이다. 사람이 모든 것에 정통한 것도 아니고 항상 옳을 수만도 없는데, 왜 겸허하게 다른 사람의 의견을 듣지 못하는가?

사람들은 외모, 키, 지위, 수입의 차이는 잘 받아들이면서도 정작 지식의 차이,

또는 의견의 차이는 잘 받아들이지 못한다.

테어도어 루스벨트Theodore Roosevelt는 대통령이 되어 백악관에 입성할 때 자신이 결정한 정책이 75%만 정확해도 목표를 달성하는 것이라고 말했다. 루스벨트와 같은 걸출한 인물도 75%만을 바라는데 우리는 얼마나 바라는 것인가? 60%의 정확성만 있어도 월스트리트의 증권시장에서 하루에 백만 달러를 벌어 요트를 사서 신나게 놀 수 있다고 한다. 하지만 이런 정확성도 없으면서 어떻게 다른 사람의 의견이 틀렸다고 당당히 말할 수 있겠는가?

눈빛, 말투, 손짓을 동원해 상대방에게 틀렸다고 질책하면 그가 당신의 의견에 동의할 것 같은가? 결코 그렇지 않다. 직접적으로 그 사람의 지혜와 판단력과 자존심을 공격했기 때문이다. 이는 반감만 살 뿐이지 결코 그 사람의 생각을 바꿀 수가 없다. 어떤 논리를 앞세워도 마찬가지다. 이미 감정이 상했기 때문이다.

다른 사람들과 교류할 때 결코 "좋아! 내가 네 말이 틀리다는 걸 증명해보겠어"라고 말하며 의기양양해서는 안 된다. 이는 "내가 너보다 똑똑하니까 네 생각을 바꿔주겠어"라고 말하는 것과 같아 반감과 충동을 일으킨다.

반대로 **자신이 틀릴 수도 있다고 인정하면 절대로 골칫거리가 생기지 않는다.** 이러면 논쟁을 피할 수 있을 뿐더러 상대방도 관용적인 태도를 취하게 된다. 항상 논리적인 사고력을 가진 사람이 얼마나 될까? 대부분의 사람들은 독단, 편견, 고집, 추측, 오만과 같은 결점들을 가지고 있다.

제임스 하베이 로빈슨James Harvey Robinson의 저서에는 이런 구절이 있다.

'우리는 가끔 아무 이유 없이 자신의 생각을 갑자기 바꾼다. 하지만 누군가가 우리에게 틀렸다고 말하면 화를 내며 끝까지 자신의 의견을 고집한다. 어떤 사람이 우리의 의견에 동의하지 않을 때 우리는 최선을 다해서 우리의 생각을 지키는데, 이는 그것이 중요해서가 아니라 자존심이 위협받기 때문이다.(…) 우리는 믿던 것들을 계속해서 믿고 싶어한다. 그래서 우리가 믿었던 것이 의심을 받으면 최대한 구실을 찾아 우리의 신념을 변호하려고 한다. 그 결과는 어떨까? 대다수의 사람들은 추리로써 구실을 찾아 자신도 모르게 계속해서 전에 믿었던 것들에 믿음을 더한다.'

| 존중은 이해에서 나온다 |

저명한 심리학자인 로저스Carl Ransom Rogers는 그의 저서인 《어떻게 처세하는가》에서 이렇게 저술했다.

'다른 사람을 이해하려 시도하는 것은 매우 가치 있는 일이다. 어쩌면 내가 이렇게 말하는 것이 이상하게 여겨져 이렇게 반문할지도 모른다. '과연 그렇게까지 할 필요가 있을까?' 대답하자면 '필요하다.' 다른 사람들의 말을 들을 때 대부분의 사람들은 이해하려하기보다 평가나 판단하려고 한다. 그래서 그들이 어떤 감각, 태도, 신념을 말해도 우리는 대개 '말을 잘 하네' '재미있군' '이치에 맞지 않아' '틀렸어' 라고 생각한다. 그 말이 정작 그에게 어떤 의미가 있는지 잘 이해하려고

하지 않는다.'

벤자민 프랭클린Benjamin Franklin이 젊었을 때, 어느 날 교우회의 오랜 친구가 그를 한쪽으로 불러내 엄하게 충고했다.

"프랭클린, 넌 정말 방법이 없구나. 넌 이미 너와 의견이 다른 모든 사람들을 공격했어. 그것도 아주 처참하게 공격해서 네가 있으면 다른 사람들이 다 위축될 정도야. 넌 아는 게 너무 많아서 아무도 널 가르칠 수도 없고 또 그러려고 하는 사람도 없어. 그래봤자 힘만 들고 기분만 나빠지니까. 그러니까 넌 더 이상 새로운 지식을 배울 수가 없지. 그렇다고 예전의 지식이 무한한 것도 아니지만 말이야."

프랭클린은 친구의 엄격한 충고를 받아들였다. 그는 자신이 사교에 실패할 운명에 놓여있다는 것을 깨닫고는 바로 오만한 습관을 고쳤다.

훗날 프랭클린은 이렇게 말했다.

"이후 전 새로운 규칙을 세웠습니다. 결코 정면으로 사람들의 의견에 반대하지 않고 독선적으로 굴지 않으며 말이나 글에 너무 긍정적인 어휘를 사용하지 않기로 했죠. '당연히' '틀림없이' 라는 말 대신에 '내 생각에는' '제가 보기에는' 이라고 말했어요. 다른 사람이 제 생각과 다른 말을 해도 바로 반박하거나 틀린 점을 지적하지 않았고요. 대신에 어떤 조건이나 상황에서는 내 의견이 맞지만 그 일에 대해서는 두 가지 방법이 있을 수 있겠다는 식으로 대답했죠.

전 태도를 바꾼 수확을 금세 거둘 수 있었습니다. 제가 참여하는 토론회의 분위기는 전보다 더욱 좋아졌어요. 제가 겸허한 태도로 의견을 발표하자 사람들이 더욱 쉽게 받아들이고 충돌도 줄어들더군요. 제 의견에 틀린 부분이 있어도 난처해하지 않았고 운 좋게 맞았을 때는 사람들이 더욱더 제 의견에 동의해주었습니다."

노를 저어 강을 건너는 당신의 형제를 도와라!
보라. 당신도 같이 강을 건너지 않았는가!

- 조지 워싱턴(George Washington)

Part 4
행복의 습관

Day 22 자립

나는 강하고
독립적인 사람이다

어느 날 미국의 석유왕 록펠러John Davison Rockefeller가 손자와 함께 놀아줄 때였다. 그는 손자가 사다리를 타고 올라가자 별로 높지 않은 곳이기에 별 생각 없이 원래 잡고 있던 손을 놓았다. 그런데 그 바람에 손자는 바로 사다리에서 굴러 떨어지고 말았다. 이는 록펠러의 잘못도, 그가 의도한 장난도 아니었다. 하지만 손자는 우연히 일어난 이 일로 한 가지 사실을 깨달았다. 때로 친할아버지도 못 미더울 때가 있으니, 뭐든지 스스로 알아서 해야 한다는 것이다.

| 지팡이 없이 걸어라 |

자립정신으로 인생을 살아라. 이는 현대사회에서 살아남기 위한 초석이다. 독립심과 자립심이 부족해 제 몸 하나 제대로 챙기지 못하는 사람이 어떻게 성공을 도모할 수 있겠는가. 설령 넉넉한 집안에서 태어났다고 해도 더 나은 인생을 위해 독립심과 자립심을 키워야 하는 것은 말할 것도 없다. 누구나 사회에 나가면 치열하게 경쟁해야 하고 예측할 수 없는 문제나 상황에 맞닥뜨리게 되기 때문이다. 자립정신이 없이는 고난을 극복하고 전진해나갈 수 없다.

집에서 부모의 도움을 기대할 때 아이들은 자신의 능력을 최선을 다해 발휘하지 않는다. 하지만 그러다가도 부득이하게 자신이 직접 해야 할 때나 실패의 시련 속에 혼자 놓일 때면 미처 자신도 몰랐던 놀라운 능력을 발휘하곤 한다. 지팡이 없이 스스로 길을 걸어가는 것은 성공한 사람들의 공통된 모습이다. 외부의 도움을 받을 수 없는 상황에서는 스스로 최대한 노력하는 수밖에 없다. 이것이 습관이 되면 스스로 자신의 운명을 지배할 수 있다.

다른 사람의 도움 없이 스스로 일어서면 일단 성공의 길에 들어선 것이나 마찬가지다. 이런 작은 일들이 모여 성공을 이뤄내기 때문이다. 당신의 힘으로 해결할 수 있는 일이라면 외부의 도움을 거절하라. 그러면 미처 전에 느끼지 못했던 내부의 힘을 느낄 수 있을 것이다. 자주적이고 독립적으로 결정하면 나날이 강해져 성공에 더욱 가까워질 수가 있다.

'하늘은 스스로 돕는 자를 돕는다' 는 말은 수많은 세월을 거치며 인류에 의해 증명된 격언이다. 자립정신은 개인이 진실로 발전할 수 있는 에너지의 근원이다. 외부의 도움은 자신을 더욱 나약하게 만들지만 강한 자립심은 스스로를 발전하게 한다. 자신의 힘으로 일을 이뤄내는 것은 자체적으로 에너지를 공급받고 그 과정에서 자부심을 느끼게 하여 진정한 의미의 자신을 깨닫게 한다.

가난한 사람도 정상에 오를 수가 있다. 성공의 길에서 고난을 극복하는 것이 불가능하지 않다는 사실을 인식하기만 하면 말이다. 성공의 문은 늘 인내하고 노력하는 사람들에게 열려 있다. 다른 사람이 얼마나 현명하고 이상적이든 결국 자신의 구세주는 역시 자기 자신이다.

| 인생의 주인이 되어라 |

인생의 주인이 되는 것은 타인이나 어떤 존재의 노예로 사는 사람들은 평생을 살아도 결코 맛볼 수 없는 달콤한 성취다. 발견과 창조를 위해서는 자신을 다스릴 수 있는 태연하고 침착하며 자유로운 마음가짐이 필요하다. 자주적인 것은 창조의 필수요소이자 촉진제다. 타인의 선택을 그대로 따르는 삶은 자아가 없는 기계의 삶과 다를 바가 없다.

주변에 성공한 사람들을 한 번 살펴보라. 사람들의 말에 끌려다니거나 소극적인 성격이 있는가? 심지어는 평상시 내성적인 사람들조차 자신의 삶이나 업무를 결정함에 있어서는 스스로의 주관과 판단이 뚜렷하다.

즉, 성공한 사람들은 매우 자주적이라는 것이다. 그들은 책임지는 것을 마다하지 않는다. 결코 사람들에게 끌려 다니지도 않는다. 원칙을 고수하고 융통성 있게 전략을 구사하며 시기를 잘 활용하기도 한다. 자주적인 사람이 되기 위해서는 나서야 할 때 적극적으로 나서고 물러서야 할 때 물러서며 경우에 따라서는 적당한 거리를 유지하며 사람들과 원만하게 협조해야 한다. 또한 긴장감 있게 일하되 때로 쉴 줄도 알아야 하며 자기 목소리를 낼 줄도 알고 침묵할 줄도 알아야 한다. 이를 잘 판별해야만 인생의 주도권을 쥘 수가 있다.

세상에서 가장 행복한 사람은 누구일까? 바로 자기 인생의 주인공인 사람들이다.
자신이 원하는 인생을 살아가기 위해서는 필히 선택에 능해야 한다. 타인이 이끄는 대로 끌려 다니지 말고 그들의 생각에 놀아나서도 안 되며, 어떤 상황에서든 감정을 잘 조절해 용감하게 자신의 운명을 개척하여 스스로 주인공이 되어야 한다. 학교와 책과 친구와 옷을 선택하는 것에서도 자주적이어야 할 뿐더러, 각종 제한 속에서도 일과 사랑과 정신적인 가치관을 자주적으로 선택해야 한다.

결국 인생에서 어떤 성과를 통해 성공을 이룰 것인가는 자신에게 달려 있다. 목표를 세우고 앞을 향해 나아가라. 그리고 목표를 등대 삼아 독립적으로 생각하라. 사람은 저마다 고유의 생각이 있게 마련이고 얼마든지 스스로 문제를 해결할 수 있는 능력이 있다. 어려울 때마다 자신을 구해줄 구세주가 나타날 것 같은가. 미신이나 운 따위는 바라지도 마라. 자신의 인생은 자신이 만드는 것이다.

자아를 잃는 것은 인생에서 가장 큰 불행이고 자주성을 잃는 것은 인생 최대의 함정이다. 자신만의 세상과 색깔을 창조하라. 스스로 거듭날 수 있다고 믿고 자신이 얼마나 중요한지 증명해보여라. 누구나 변화무쌍한 세상에서 비장의 카드를 내밀어 자신을 빛낼 수 있다. 빛나는 별처럼, 번쩍이는 번개처럼, 날아오르는 새처럼 망설이지 말고 사람들에게 자신의 능력과 지혜를 알려라.

자주적인 사람은 자신만의 영역을 개척해 사람들에게 인정을 받는다. 스스로 인생의 주인이 되고 자신을 통제할 줄 알며 자주적으로 학업과 일에 임하는 것은 성공의 비결이다. 의존하는 습관에서 벗어나 자신의 운명을 개척하자.

|어떻게 하면 의존하는 심리를 극복할 수 있을까|

의존하는 심리에서 벗어나 독립적으로 발전하는 것은 결코 쉬운 일이 아니다. 하지만 불가능한 일도 아니다. 만약 의존하는 경향이 심하다면 다음의 사항들을 틈날 때마다 거듭해 읽으며, 실행하기 위해 노력해보자. 그러다 보면 언젠가는 자신의 두 발로 우뚝 서는 기적을 이뤄낼 것이다. 의존하는 습관에서 벗어날 수 있는 방법을 살펴보자.

첫째, 무엇이든 스스로 하기 위해 노력하라.

오직 자신에게 모든 것을 의지할 수 있을 때 진정한 성공을 거둘 수 있다. 어려움을 이겨낼 수 있는 모든 자원이 자신 안에 있다는 것을 잊지 마라.

둘째, 남에게 물어보기 전에 자신에게 먼저 물어보라.

의존하는 심리는 타성에서 비롯된다. 자신의 의지를 강화시켜 처리할 수 있는 일은 과감하게 추진하고 나서야 한다. 항상 해왔던 대로 다른 사람에게 도움을 구하기 전에, 어떤 문제인가 생각해보고 상황에 따라 융통성 있게 대처해야 한다.

셋째, 자신의 힘으로 돈을 벌며 스스로의 인생을 책임져라.

자신의 노동을 통해 얻는 성과만이 진정한 성과이고, 그래야 성취감과 즐거움도 느낄 수 있다. 내가 내 인생을 책임지고 있다고 느껴지면 다른 사람도 도울 수 있다. 의존하는 심리를 버려야 인생의 목표와 방향을 발견하고 진정한 성공을 거둘 수가 있다.

넷째, 매일 한 가지씩 작은 일부터 이뤄나가라.

세상에 단번에 이루어지는 일이 어디 있는가. 작은 것부터 축척해나가다 보면 결국에는 일이 완성되게 마련이다. 작은 일부터 시작하여 실패하면 반성하면서 고쳐나가자. 높이뛰기 하듯이 처음에는 천천히 뛰다가 점점 속력을 높여 높이 뛰게 될 것이다.

Day 23 만족

나는 항상 좋은 면을
먼저 보며 감사한다

나폴레옹 3세는 당대 최고의 미녀인 유지니Eugenis와 서로 사랑하여 결혼했다. 그의 고문들은 유지니가 보잘것없는 스페인 백작의 딸이라고 못마땅해 했다. 하지만 그녀의 청춘과 우아함과 미모와 유혹에 신이라도 된 것 같은 행복을 느꼈던 나폴레옹은 "난 이미 내가 존경하고 사랑하는 여인에게 마음을 빼앗겼다. 그녀는 내가 이해할 수 없는 여인이 아니다"라고 말하며, 그들의 반대에도 불구하고 결혼식을 올렸다.

나폴레옹 3세와 유지니는 건강, 부, 권력, 외모, 명예, 사랑, 믿음과 같은 행복의 조건을 모두 갖춘 최고의 커플이었다. 하지만 신혼의 불꽃은 더 이상 밝게 피어오르지 못하고 오래지 않아 잿더미로 변해버렸다.

나폴레옹 3세는 유지니에게 황후의 자리와 프랑스에 있는 모든 아름다움과 자신의 헌신적인 사랑과 심지어 황제의 세력까지 줄 수 있었지만 딱 한 가지 할 수 없는 것이 있었다. 바로 그녀의 끊임없는 불평불만을 막는 것이었다.

유지니는 질투와 의심이 지나쳐 나폴레옹 3세가 비밀을 갖는 것을 허락하지 않았다. 그가 국정을 돌볼 때도 마구잡이로 회의실에 들어와 중요한 회의를 방해했으며, 다른 여인들을 만날까봐 절대로 혼자 있지 못하게 했다. 심지어 울고 떼쓰고 때로는 위협까지 하며 남편의 서재에 들어와 그에게 화를 내고 욕을 했다. 프랑스의 황제인 나폴레옹 3세는 화려한 궁전과 천하의 세력을 가졌음에도 불구하고 편안하게 쉴 수 있는 작은 방 한 칸마저 없었다.

이렇게 해서 유지니는 무엇을 얻었을까? 우리는 라인하르트의《나폴레옹과 유지니 - 한 황국의 희비극》에서 그 답을 찾을 수가 있다.

'이후 나폴레옹 3세는 밤마다 모자를 눈 밑까지 내려 쓰고 쪽문으로 몰래 나갔다. 그리고는 자신을 기다리는 아름다운 여인을 만나러 가거나 파리의 곳곳을 구경하며 궁에서 억눌렸던 기분을 풀었다.'

그녀는 프랑스의 황후이자 세상에서 가장 아름다운 여인이었다. 하지만 끝없이 불평불만을 쏟아냈기에 더 이상 나폴레옹의 사랑을 받지 못했다. 이것은 그녀가 자초한 결과였다. 불평불만은 가정의 행복을 깨고 사랑을 파멸시키는 가장 치명적인 요소다.

| 불평불만으로 잃는 것과 얻는 것 |

링컨Abraham Lincoln의 일생에서 가장 큰 비극은 암살당한 것이 아니라 불행한 결혼생활이었을지도 모른다. 존 윌크스 부스가 링컨을 향해 총을 쐈을 때, 링컨은 고통을 느낄 수가 없었다. 이미 하루하루를 고통의 심연 속에서 보내고 있었기 때문이다.

링컨의 친구에 따르면 링컨은 23년간 '불행한 혼인이 가져온 고통'에 처해 있었다고 한다. '불행한 혼인'은 그나마 완곡한 표현이다. 링컨은 한 세기의 1/4을 부인의 불평불만과 싸우며 보냈다.

그녀는 늘 자신의 남편을 제대로 된 것이 하나도 없는 사람이라며 원망하고 비판했다. 굽은 등으로 걸어가는 모습도 보기 싫어했고 인디언처럼 융통성이 없는 것도 싫어했다. 그녀는 링컨의 걸음걸이에 힘이 없고 동작이 우아하지 않다며 직접 흉내까지 내면서 그의 걸음걸이를 고치려고 했다. 그의 큰 귀와 덥수룩한 머리 스타일도 싫어했고 코가 높지 않고 아랫입술이 튀어나왔다고 투덜댔으며 손발이 너무 큰 데 비해 머리는 너무 작은 것이 꼭 폐병에 걸린 사람 같다고 흉을 보기도 했다. 링컨과 그의 부인은 외모뿐만 아니라 교양, 환경, 취향, 성격 면에서도 사사건건 대립했다.

이에 대해 링컨의 전기 작가는 이렇게 저술했다.

'링컨 부인의 귀를 찌르는 날카로운 목소리는 길 건너에서도 다 들을 수 있을 정도였다. 링컨의 이웃들은 늘 링컨 부인의 불만에 찬 고함소리를 들어야 했다. 그녀가 화를 낼 때의 표정은 말로 형용할 수 없을 정도였다.'

질책과 불평불만이 링컨을 바꾸었을까? 결론부터 말하자면 그렇다. 링컨 부인의 불평불만과 잔소리는 링컨의 태도를 바꾸었다. 링컨은 자신의 불행한 결혼생활에 후회하며 최대한 부인을 피해 다녔던 것이다.

링컨 부인과 유지니 황후의 결말을 보면서 어떤 생각이 드는가? 그녀들이 불평불만으로 얻은 것은 결국 비극으로 끝나는 인생이었다. 불평불만은 원하는 바를 얻게 해줄지 모르겠지만, 대신 인생에서 다시 얻을 수 없는 소중한 것을 잃게 할 것이다.

| 지금 가지고 있는 것에 감사하라 |

불평불만을 입에 달고 사는 사람들의 공통점은 좋은 점보다는 나쁜 점을 먼저 본다는 것이다. 스스로는 자신을 무척이나 예리하고 섬세한 사람이라 생각할지 모르지만, 스스로에게나 주변에 부정적인 에너지를 내뿜을 뿐이다.

불평하지 말라고 하면 불평하기 좋아하는 혹자는 이렇게 말할지도 모르겠다. "아니, 그렇다면 눈 닫고 귀 닫고 입까지 닫고 살라는 말인가." 이에 대답은 다음과 같다.

"눈이 보는 방향, 귀가 향하는 방향, 입이 열리는 주제를 바꾸면 된다!"

불평할 거리를 찾아내는 '예리하고 섬세한 촉각'의 방향을 부정에서 긍정으로 바꿔라. 나쁜 면을 먼저 보던 시선은 좋은 면을 먼저 보도록 변화시켜라. '이건 이래서 문제'라는 생각이 들면 '그렇지만 이런 부분에는 감사할 만해'라고 생각을 다잡아라. 어쩌면 지금 당장은 좋은 면이 보이지 않을지도 모른다. 그렇더라도 **습관적으로 '이처럼 좋은 사람과 지내게 되어서, 이처럼 좋은 것들을 가지고 있어서, 이처럼 좋은 환경을 만나게 되어서 참으로 감사하다'고 마음속으로 말하고 또 말하라.** 그러다 보면 자신도 모르는 새 실제로 좋은 면들이 보이고 진심으로 감사하게 될 것이다.

감사의 마음이 들면 만족하게 되고, 문제점이 보이더라도 더 이상 부정적으로 불평하는 것이 아니라 긍정적 측면에서 개선을 모색하게 되기 마련이다. 그때쯤 되면 주변 사람들도 당신의 문제제기를 '불평'이 아닌 '제안'과 '모색'으로 받아들일 것이다.

Day 24 낙관

나의 마음은 밝고 낙관적인 에너지로 가득하다

1945년 3월, 미국 군인 바질 무어Basil L. Moore가 여든일곱 명의 동료들과 함께 잠수함을 타고 있을 때 몇 척의 일본 구축함들이 그들을 향해 다가오고 있는 것이 레이더에 포착되었다. 그들은 신속히 그 중 한 구축함에 세 개의 어뢰를 발사했다. 하지만 세 발 모두 빗나갔고 구축함은 방향을 틀어 달아났다.

무어 일행은 다시 다른 구축함을 공격하기 위해서 서둘러 준비했다. 그런데 그 순간 공격을 받고 달아나던 구축함이 다시 방향을 틀어 무어가 타고 있는 잠수함을 향해 다가오는 것이 아닌가. 알고 보니 하늘에서 정찰 중이던 일본군이 해저 1.8km 지점에 잠수함이 있다고 그들에게 무전으로 알려주었던 것이다.

무어 일행은 일본군의 수중폭뢰 공격에 대비하기 위해서 잠수함을 해저 4.5km 까지 낮추었다. 3분 뒤에 사방이 무너지는 듯한 강한 진동을 일으키며 여섯 개의 수중폭뢰가 잠수함 근처에서 터졌다. 그 위력이 대단했던지라 무어가 타고 있던 잠수함은 그대로 해저 15km까지 곤두박질쳤다. 상식적으로 해저 15km 이하에 있는 잠수함이 반경 500m 안에서 수중폭뢰 공격을 당하고서 살아남을 가능성은 거의 없었다.

　일본군의 수중폭뢰 공격은 15시간 내내 계속되었다. 몇몇 폭뢰는 무어가 타고 있는 잠수함과 불과 1.5km도 안 떨어진 곳에서 터지기도 했다. 무어와 나머지 군인들이 할 수 있는 일이라고는 가만히 침대에 누워 있는 것뿐이었다. 무어는 죽음의 공포가 서서히 엄습해오자 무서워서 숨조차 제대로 쉴 수 없었다. 냉방장치가 모두 고장 나는 바람에 잠수함 안의 온도는 40도까지 올라갔는데도 추워서 견딜 수가 없었다. 옷을 겹겹이 껴입고도 부들부들 떨며 식은땀을 흘렸다.
　눈앞에 과거에 그가 했던 많은 나쁜 일들과 쓸데없이 걱정했던 일들이 파노라마처럼 스쳐갔다. 그는 예전에 업무량이 많은 데 비해 월급이 적고 승진의 기회가 적다며 고민했었다. 집과 자동차를 장만할 돈이 없고 부인에게 예쁜 옷을 사주지 못해 고민했었다. 상사를 눈엣가시처럼 생각했고 퇴근할 때마다 피곤하다고 짜증내며 부인과 말다툼을 벌였었다. 이마에 있는 작은 흉터 때문에도 걱정했었다.

　일본군의 공격은 15시간 만에 끝났지만 무어에게는 15년처럼 느껴졌다. 무사히 돌아온 무어는 말했다.
　"전 줄곧 사사로운 일들을 큰일처럼 걱정하고 고민하며 지냈습니다. 하지만 폭뢰의 공격으로 죽음의 위협을 받고 보니 그것들이 얼마나 사소하고 하찮게 보이는지요."

그 당시 무어는 만약에 다시 태양과 별을 볼 수 있는 기회가 주어진다면 절대로 다시는 그런 일 따위로 고민하며 살지 않겠다고 다짐했다. 그가 잠수함에서 보낸 공포의 15시간은 대학에서 보낸 4년의 시간보다 더 많은 깨달음을 안겨주었다.

| 스스로 고민거리를 만들지 마라 |

사람들은 인생의 큰 위기는 용감하게 잘 넘기면서 작은 일에는 의외로 의기소침해진다.

신혼 초기에 루스벨트 부인은 요리사가 요리를 너무 못하는 것이 고민이었다. 하지만 영부인이 되고 나서 그녀에게 그런 일 따위는 그저 어깨 한번 털고 지나칠 일에 지나지 않았다. 전제정치를 편 캐서린 여왕도 요리사의 실수에 웃어주었다는데, 그깟 사소한 일로 고민할 필요가 있는가? 법도 이런 시시콜콜한 일들에는 관여하지 않는다.

소설가인 호머 크로이Homer Croy는 뉴욕의 아파트에서 글을 쓸 때면 라디에이터에서 나는 소리 때문에 거의 미칠 지경이었다. '펑' 하고 끓어오르는가 하면 '피피' 소리를 내는 등 도저히 신경이 쓰여서 창작에 집중할 수 없었던 것이다. 훗날 호머 크로이는 말했다.

"언젠가 친구들과 함께 야영을 갔다가 장작 타들어가는 소리가 라디에이터에서 나는 소리와 비슷하다는 걸 발견했습니다. 그런데 왜 전 장작 타들어가는 소리는 좋아하면서 라디에이터에서 나는 소리는 싫어했던 걸까요. 나중에 집에 돌아와서는 혼자 말했습니다. '장작이 타들어가는 소리는 참 좋아. 그런데 라디에이터에서 나는 소리도 비슷하단 말이지. 앞으로는 소음이라고 생각하지 않겠어.' 물론 이러고도 며칠간은 그 소리에 신경이 거슬렸어요. 하지만 오래지 않아 괜찮아졌습니다. 다른 고민들도 마찬가지입니다. 어느 한 부분이 맘에 들지 않으면 전체를 다 싫어하게 되죠. 실은 사소한 것인데 그 중요성을 확대해석했기 때문이에요."

앤드류 모리스Andrew D. Morris는 말했다. "사람들은 사소하고 의미 없는 일들이 마음을 어지럽힌다는 것을 종종 잊어버리나 봐요. 인간은 고작 몇십 년밖에 살지 못합니다. 그런데도 1년 내에 잊어버리게 될 사소한 일들을 걱정하느라 다시는 오지 않을 귀한 시간을 낭비하죠. 그러지 마세요. 가치 있는 말과 행동에만 인생을 할애하십시오."

시시한 일에 매달려 있기에는 인생이 너무 짧다. 스스로 고민거리를 만들어내지 말자.

| 근심걱정을 없애는 명약, 웃음 |

영국의 작가 새커리William Makepeace Thackeray는 이런 격언을 남겼다.
'인생은 거울이다. 당신이 웃으면 인생도 웃고, 당신이 울면 인생도 운다.'
많은 좌절과 불행으로 인생이 괴롭더라도 즐거운 태도와 미소로 생활해야 한다.

다음에 소개하는 몇 가지 격언을 기억하면 괴로움을 해소하는 데 많은 도움을 받을 수 있을 것이다.

"웃으며 말하는 사람들은 대개 선경지명이 있다."
"늘 즐거워하라. 그러면 백 가지 해를 막고 장수할 수 있다."
-영국의 극작가 셰익스피어

"명랑한 미소는 사방이 황금으로 가득 찬 듯 사람의 눈과 귀를 현혹시킨다."
-프랑스 작가 플로베르

"잔혹한 가난을 물리칠 수 있는 유일한 것은 미소다.
누군가 가난해서 우울해한다면 이는 이미 가난에 잡아먹혔기 때문이다."
-독일의 혁명가 리프크네히트

현대인들은 하루하루 거대한 생존의 스트레스를 받으며 바쁘게 살아간다. 어느 정도의 생활수준을 유지해야 하고 사건사고가 발생하지 않도록 시시때때로 예방해야 하며 생로병사의 흐름에 따라야 하고 다양한 사람들과 교제해야 한다. 자신을 컨트롤하지 못했을 때 따라오는 고민, 초조, 분노, 고통과 같은 부정적인 정서는 신체와 건강에 심각한 악영향을 끼친다. 자신을 컨트롤하는 가장 좋은 방법은 잘 웃고 즐겁게 생활하며 긍정적인 성격을 가지는 것이다. 냉엄한 표정을 짓지 말고 세상의 모든 어려운 일에 즐겁게 웃어보자.

옛말에 '한번 웃으면 한번 젊어지고, 한번 노하면 한번 늙는다' 는 말이 있다. 미소는 경직된 근육을 부드럽게 풀어주고 심신 상태를 편안하게 만들어 초조함을 없애준다. 한번 미소지으면 깨달음이 하나 더 늘어 세상에 대한 불안함이 줄어든다.

미소로 만물을 대하는 것은 훌륭한 처세 태도다. 이는 성공하기 위해 갖춰야 할 성격 중 하나로써, 낙관적이고 명랑한 생활태도를 가지면 자신뿐만 아니라 타인에게도 관대해져 이해득실에 연연하지 않게 된다. 웃으면서 인생의 고민을 잊어라. 미소와 긍정적인 마음으로 인생을 살고 해석하라.

| 걱정을 없애는 법 |

카네기는 세상을 자신에게 맞추려 하지 말고 자신을 세상에 맞추어 가정과 사업과 운을 받아들이라고 했다. 걱정은 내면세계의 질서를 무너뜨린다. 반드시 자질구레한 일들로 걱정하는 습관을 고치도록 하라. 카네기가 제시한 걱정을 없애는 4단계 방법은 다음과 같다.

- 1단계: 무엇을 걱정하는가?
- 2단계: 이 상황에서 당신이 할 수 있는 일은 무엇인가?
- 3단계: 어떻게 하기로 결정했는가?
- 4단계: 언제 시작할 것인가?

사업상의 고민이면 다른 방법으로 고민을 없앨 수도 있다.

· 1단계: 무엇이 문제인가?
· 2단계: 문제의 원인은 무엇인가?
· 3단계: 문제를 해결할 수 있는 방법에는 어떤 것들이 있는가?
· 4단계: 어떤 방법을 사용할 것인가?

인생을 즐겁고 풍요롭게 하기 위해서는 낙관적인 태도를 가져야 한다. 낙관적인 태도는 자신감과 은은한 미소를 주고, 자신감과 미소는 당당한 이미지와 친근한 성격을 주며, 이는 다시 원만한 인간관계와 훌륭한 이미지와 건강한 마음을 주어 성공으로 인도한다. 인생은 짧다. 그러니 더 이상 쓸데없는 일들로 고민하지 마라.

Day 25 균형

숨을 내쉴 때마다 스트레스와 피로가 빠져나가 몸과 마음이 편안해진다

1993년 3월 9일, 중국에서는 산타나 그룹의 회장 팡홍方宏이 투신자살을 했다는 소식이 대대적으로 보도되었다. 그는 정치적으로나 경제적으로나 어떤 비리나 문제에 연루된 일도 없었고 자살 전에 아무런 조짐도 없었기에, 그의 가족과 비서들은 그가 왜 자살을 했는지 이유를 알 수 없었다.

팡홍은 사업상 매우 큰 성공을 거두었다. 회장이 되기 전에는 이사회의 비서장과 사장을 역임했고, 하는 일마다 심혈을 기울여 놀라운 성과를 이루어내 '중국의 아이아코카Lee Iacocca'라고 불렸다. 또한 상품 제조 방면에도 일가견이 있어 저명한 대학의 명예교수에 임명되기도 했다.

사업이 성공하면서 자연히 그의 직위도 단계적으로 높아졌는데, 그럴수록 심리적 부담이 가중되고 스트레스도 많이 쌓였다. 점차 의욕도 사라지고 수면제를 먹어야 잠을 잘 수 있었다.

더욱이 1993년에는 전년보다 생산량을 35% 증대시켜야 했는데 자금이 부족한 탓에 목표 달성은 거의 불가능한 상황이었다. 엎친 데 덮친 격으로 부인이 암에 걸려 큰 수술까지 받게 되었다. 그러던 3월 9일, 그는 비서에게 문서를 건네며 말했다.

"조용히 쉬고 싶으니까 방해하지 말아요."

그리고 16분 뒤, 광홍은 5층의 회장실 창문에서 뛰어내렸다.

현대인들은 학교, 가정, 직장, 인간관계 등에서 많은 스트레스를 받는다. 미국 국립정신건강연구소의 필립 골드Philip Gold 박사는 말했다.

"스트레스가 존재하지 않는 곳은 없습니다. 현대사회에서 스트레스를 안 받고 사는 것은 환상의 나라에서 날아다니는 것처럼 불가능한 일이죠. 다만 스트레스를 어떻게 다스리느냐에 따라 정도를 조절할 수 있을 뿐입니다."

30여 년간 스트레스를 연구한 학자의 말에 의하면, 스트레스를 다스리지 못하면 결국에는 사업의 실패, 질병, 사망으로 귀결된다고 한다. 광홍이 그 대표적인 예이다.

| 스트레스를 없애려 하지 마라 |

인간은 늘 두 가지 압력을 받는다. 첫째는 대기압이나 만유인력과 같이 자연법칙에 따라 신체에 가해지는 압력으로, 이는 생명을 유지하는 데 꼭 필요하다. 둘째는 생존경쟁, 위험과 죽음에 대한 공포, 인간관계에서 오는 정신에 가해지는 압력

으로, 경각심을 일깨우고 상황에 맞는 행동을 하게 해준다.

　인류, 특히 현대인은 스트레스와 완전히 격리되어서는 살 수 없다. 어차피 스트레스를 피할 수 없다면 함께 살아가는 법을 배우는 것이 어떨까? 스트레스를 평화적으로 다스리지 못하면 설령 스트레스를 이겨내더라도 각종 신체적, 정신적 질병에 걸리기 쉽다. 뿐만 아니라 스트레스에 따른 피로와 부담은 기업의 생산력과 경쟁력을 떨어뜨리고 동료 직원과 가족에게도 피해를 주며, 더 나아가서는 갑자기 쓰러지는 등 예측하지 못한 상황이 발생하기도 한다.

| 스트레스를 완화시키는 방법 |

첫째, 'NO'를 외쳐라!

　누군가 부담스러운 일을 부탁해오면 과연 그것을 할 수 있을지 잘 생각해서 판단하라. 만약에 할 수 없거나 하기 싫을 때는 거절해야 한다.

둘째, 자신의 생각을 명쾌하게 말하라.

　자신의 솔직한 생각을 말하는 것은 매우 중요하다. 특히 다른 사람이 부탁한 내용이 비합리적일수록 더욱더 그러하다. 일을 맡아 놓고 어쩔 줄 몰라 혼자 화를 내며 좌절을 겪으면 사람이 우울해지고 소심해지며 자책하기 쉬워진다. 자신의 생각을 솔직하게 말하는 것은 스트레스 해소의 가장 확실한 방법이다.

셋째, 현실을 받아들여라.

현실을 바꿀 수 없을 때는 그 현실을 받아들이는 것이 최선의 방법이다. 환경을 변화시킬 수는 없지만 자신의 생각을 바꿀 수는 있지 않은가. 현실을 빨리 인정할 때, 현실적인 방법도 빨리 찾아낼 수 있다.

넷째, 근심걱정을 놓아버려라.

무슨 일이 발생했건 걱정하지 마라. 걱정한다고 해서 달라지는 것은 아무 것도 없이 스트레스만 받을 뿐이다. 적극적이고 긍정적인 태도만이 모든 문제와 고난을 해결한다는 사실을 잊지 말자.

다섯째, "괜찮아" 라고 말하라.

하늘이 뚫린 듯 폭우가 쏟아져도 언젠가는 날씨가 갤 것이다. 이것이 자연계의 법칙이고 인생도 크게 다르지 않다. 앞으로 괜찮아질 것이라는 확실한 믿음을 버리면, 정말 그 상황 속에 갇혀 빠져나올 수 없게 된다.

여섯째, 남을 탓하지 마라.

사람들은 대개 오해를 받거나 불공평한 대우를 받으면 다른 사람들을 탓하거나 질책한다. 하지만 대부분의 문제는 두 사람의 의사소통의 문제이지 어느 한 사람의 잘못인 경우는 드물다. 남을 질책하면 그것이 마음에 남아 오히려 스스로 스트레스를 받게 된다. 상처는 남에게 준만큼 자신에게 돌아온다는 사실을 기억하자.

일곱째, 지나치게 자책하지 마라.

세상에 완벽하게 좋은 사람이 있을까? 열 가지 일 중에 예닐곱 가지만 바른 일을 하면 좋은 사람이 아닌가? 즉 좋은 사람도 실수를 할 때가 있다는 것이다. 큰 실수를 하더라도 너무 긴장하거나 자신을 나무라지 말고, 진지하게 원인을 찾아 잘못을 고쳐 교훈을 얻는 좋은 기회로 여기도록 하자.

Day 26 용서

나의 내면은
깊은 평화와 자애로
가득 차 있다

제나라의 맹상군은 전국시대 사군四郡 중 한 명으로, 지혜롭기로 소문나 있었고 무엇보다 인재양성에 힘썼다. 그는 한 가지 재주만 있으면 귀천에 상관없이 누구나 다 제자로 받아들였는데, 한때 그 수가 3천 명에 달하기도 했다. 이렇게 그가 많은 인재를 양성하는 것은 국가를 보존하기 위해서였다.

한 번은 맹상군의 제자와 맹상군의 첩이 사통하다가 다른 제자에게 발각되었다. 그들의 행실을 참을 수 없었던 이 제자는 맹상군을 찾아가 말했다.

"선생님의 제자라는 자가 몰래 첩과 사통하다니, 정의를 위해서 그를 죽여야 마땅하다고 생각합니다."

맹상군이 말했다.

"아름다운 얼굴을 좋아하는 것은 인지상정이 아니더냐. 우선 좀 더 지켜보도록 하자."

1년 뒤에 맹산군은 자신의 첩과 사통했던 제자를 불렀다.
"네가 이곳에 온 지도 꽤 되었는데 아직 큰 관직에 오르지 못했고 작은 관직은 또 네가 마다하는구나. 위나라의 군주와 나는 좋은 친구사이다. 말과 모피와 비단을 준비할 테니, 이 선물들을 들고 위나라에 가서 그를 만나보아라."
그는 위나라에 가서 중직에 임용되었다.

몇 년이 지나 제나라와 위나라의 관계가 악화되자, 위나라의 군주는 제후들과 힘을 합해 제나라를 공격하기로 했다. 이 사실을 알게 된 맹상군의 첩과 사통했던 제자는 위나라 군주를 찾아가 말했다.
"맹산군은 신이 못돼 먹은 짓을 한 것도 모르고 임금께 추천해주었습니다. 제나라와 위나라의 선왕들께서 말과 양을 죽이며 '제, 위 두 나라의 후대는 서로 싸우지 않을 것이다. 만약에 서로 싸우면 그 운명은 이 말과 양처럼 될 것이다'라고 맹세했다고 들었습니다. 지금 임금께서 제후들과 연합해 제나라를 공격하려는 것은 선왕들의 맹약에 어긋납니다. 제나라를 공격하려던 계획을 거두어주십시오. 그렇지 않으면 임금의 옷섶에 신의 뜨거운 피를 뿌리겠습니다."
위나라 군주는 그의 권유와 협박 하에 결국 제나라의 공격을 철회했다. 이 소식을 전해들은 제나라 사람들은 맹상군을 처세와 전화위복에 능한 사람이라고 말했다. 맹상군은 과오를 들추지 않아 인심을 얻었고, 관대한 마음을 가져 잔혹하고 복잡한 싸움 속에서도 시종 여유를 가질 수 있었다.

사람은 마땅히 타인의 결점과 결실을 용서할 줄 알아야 한다. 옛말에 "물이 너무 맑으면 물고기가 살지 않고, 사람이 너무 야박하면 친구가 따르지 않는다"고 했다.

사회는 각양각색의 사람들로 구성된 집단으로, 경우가 있는 사람이 있는가 하면 무경우인 사람도 있고 철든 사람이 있는가 하면 철부지인 사람도 있으며 교양 있는 사람 있는 사람이 있는가 하면 무식한 사람도 있다. 따라서 항상 자신의 기준에 맞춰 사람들에게 요구해서는 안 된다. 진실로 관대한 사람은 속이 좁고 수양이 덜 된 사람이 기분을 상하게 하더라도 이해하고 용서해준다. 이런 의미에서 볼 때 관용적인 사람은 사람의 마음을 잘 이해하고 세상일을 훤히 꿰뚫어보는 사람이라고 할 수 있다.

| 관용은 상대뿐 아니라 나 자신까지 구원한다 |

관용은 일종의 처세철학이요, 높은 경지에 달한 인간의 사상이다. 타인을 너그럽게 용서하는 것은 곧 자신을 너그럽게 용서하는 것을 의미한다. **관용은 연약함이 아니라 강인함이다. 또한 일보 후퇴함으로써 일보 전진하는 적극적인 방어다.**

다른 사람을 비판하기 전에 반드시 자신이 부족했거나 잘못했던 점은 없는지 먼저 생각해봐야 한다. 혹시 상대가 잘못한 점이 있어도 마음껏 비판을 하는 것이 아니라 상대방이 다시 실수하지 않도록 감독과 지도에 힘써야 한다.

심리학적 관점에서 보면 모든 생각에는 다 이유가 있다. 관용적인 사람이 되려면 다른 사람과 의견이 부딪칠 때 자기 의견만 고집해서는 안 된다. 상대방의 생각을 이해하고 그렇게 생각하는 이유를 찾아 심리적으로 받아들이려는 노력이 필요하다. 사람들마다 인생에 대한 가치관은 서로 다르게 마련이어서, 관점이 달라도 그들의 지식과 체험을 존중해주고 배울 점이 있으면 적극적으로 수용해야 한다.

하지만 그렇다고 해서 관용이 방임은 아니다. 누군가는 관용이 연약함의 상징이라고 했는데, 연약한 관용은 진정한 관용이라고 볼 수 없다. 방임은 자신의 연약함을 드러내는 것으로 이럴 경우 상대방은 계속해서 잘못을 저지를 것이다. 관용은 방임도 아니고 상대방의 책임을 면해주는 것도 아니다. 사람은 누구나 다 자신의 행동에 책임을 져야 하고 결과를 받아들여야 한다.

관용을 베푸는 것은 똑같이 복수하는 것이 아니라 여유있는 태도를 취하는 것이다. 인류의 역사를 살펴보면 파벌이 같으면 서로 돕고 다르면 배척한 일이 매우 많다는 것을 알 수 있다. 사실 사람들에게는 모두 자신이 옳다고 생각하는 경향이 있다. 그래서 자신과 의견이나 행동이 다르면 배척하고 무시하며 신경이 예민해져 하루 종일 고민하게 된다. 관용을 베풀려면 각종 사상과 의식을 받아들일 줄도 알아야 한다. 자신의 생각을 강요하고 상대방을 바꾸려고 하면 남는 것은 불만뿐이다. 자신이 자유롭게 살고 싶으면 다른 사람들도 자유롭게 살게 해줘야 하지 않겠는가?

관용에는 자신에 대한 관용도 포함된다. 인간이 하는 고민의 절반은 스스로 만든 것이라고 한다. 저마다 서로 다른 장단점을 가지고 있음에도 불구하고 경쟁하면서 자꾸 자신이 가지지 못한 점을 보면서 사람됨의 즐거움을 잃고 고민하게 되는 것이다.

자신에 대한 관용은 지나간 일에 연연하지 않는 것이다. 사람은 누구나 다 실수한다. 하지만 자신의 실수를 떨쳐내지 못하고 계속해서 생각하는 사람은 사사건건 자신의 능력을 의심하고 마음을 놓지 못하여 결국에는 스스로 한계를 만들고 만다. 단점을 솔직하게 인정하고 장점을 발휘하면 편안한 마음으로 능력을 발휘할 수 있다. 자신의 부족함이나 실수에 관대하라. 자신에게 관대해야 남에게도 관대할 수 있다.

원수를 용서하라는 것은 도덕상의 교훈일 뿐만 아니라 의학에서도 강조하고 있다. 보도에 따르면 복수는 그 마음을 품은 사람의 건강을 해친다고 한다. 고혈압 환자의 주요 특징은 쉽게 화를 내는 것인데 장기적인 고혈압 상태는 심장병을 초래한다.

마음에 화를 품으면 식욕, 수면, 혈압, 건강, 즐거움에 방해가 된다. 원수를 용서하지는 못하더라도 최소한 자신은 사랑해야 하지 않겠는가? 원수가 당신의 즐거움과 건강과 외모를 통제하게 해서는 안 된다. 셰익스피어의 말을 기억하라.

"원수 때문에 분노를 불태우지 마라. 화상을 입는 것은 당신이다."

Day 27 인내

나는 고독이 더 큰 성장을 가져다줄 것임을 안다

중국기술원 원장이자 지난대학교의 총장인 류런화이劉人懷는 고생이 많았던 지난 육십 년의 세월을 돌아보며 젊은이들에게 말했다. "인내야말로 성공의 비결이다!"

류런화이는 꿋꿋하게 자신의 이상을 추구하는 것이 바로 인내라고 생각했다. 대대로 학자인 집안에서 태어난 그는 어려서 과학기술 분야에 뜻을 세웠다. 하지만 1958년에 대학입학 시험에서 우수한 성적을 거두었음에도 불구하고 여러 사정 때문에 어쩔 수 없이 시골에 있는 란저우대학교에서 공부해야만 했다. 그는 당시를 회상하며 말했다.

"사실은 많이 속상하기도 했지만, 그래도 실망하지 않고 신념을 가지고 열심히 공부했죠."

류런화이는 학교에서 두각을 나타낸 덕에 대학교 1학년 때 운 좋게 인공위성을 개발하는 연구에 참여하게 되었고, 4학년 때는 교수의 추천으로 첸쉐썬이 박사 학위 논문의 주제로 삼은 연구에도 참여했다.

"최첨단 과학기술을 연구하면서 한 가지 배운 사실이 있습니다. 과학을 연구하는 데 집착과 실천정신이 매우 중요하다는 것이죠."

대학을 졸업하고 그는 모교의 교수가 되었다. 적극적으로 비행기 원격 측정기 생산기술의 책임 임무를 맡았고, 중국에서 최초로 파형디스크를 연구했다. 하지만 문화대혁명이 일어나면서 반혁명 수정주의자로 분리되어 감옥에 가게 되었다. 상황이 이렇게 되자 집념의 류런화이도 연구를 잠시 '지하'에 묻어두는 수밖에 없었다. 류런화이는 당시에 저녁마다 주판과 로그표를 사용해 다섯 자리 이상의 숫자를 계산하던 것을 떠올리고는 감옥에 있던 4년 동안 써버린 폐지가 몇 포대나 될 것이라고 웃으며 말했다.

"젊은이들은 적막함을 이겨내야 합니다. 남들이 성과를 인정하지 않더라도 그들이 인정할 수밖에 없을 때까지 계속해서 매진해야 하고요."

그는 자신의 논문인 〈파형디스크의 특징관계〉를 예를 들며 생동감 있게 위의 진리를 설명했다.

"1968년에 중국에서는 전혀 다뤄진 적이 없는 파형디스크에 관한 논문을 썼어요. 하지만 당시는 모든 학술 간행물의 출판이 정지된 상태라 발표할 수 없었죠. 그러다 1970년에 학교에서 학술회가 열렸어요. 그곳에서 논문을 발표해야겠다는 생각이 번뜩 들더군요. 하지만 제 논문은 학계의 인정을 받지 못했습니다. 현실을 벗어난 논문이라면서요.

1972년에 과학 잡지의 간행이 다시 허락됐을 때, 저는 희망을 가지고 논문을 잡지에 투고했습니다. 심의 문제로 바로 발표되진 못했지만, 1978년에 논문은 발표되었고 곧 많은 반향을 일으켰죠. 그해 열린 학술회에서 전 서른여덟의 나이로 많은 원로 과학자들이 지켜보는 앞에서 논문의 의견을 주장했고, 높은 평가를 받았습니다. 이것은 제 인생에도 큰 변화였습니다. 젊은 시절을 걸었던 연구논문이 10년 만에 세상의 빛을 보고 사람들에게 인정받았으니까요."

그는 자신의 지난날을 이야기하며, 젊은이들에게 사회가 시끄러울수록 조용하게 지내며 적막함을 참아내라고 격려했다.

적막함을 참아내는 것은 사물의 겉모습에 유혹당하지 않고 사심을 버린 채 바른 인생 태도와 가치관을 유지하는 것을 말한다. 많은 사람들은 적막함이 찾아오면 상황을 탓하거나 아예 진로의 방향을 바꿔 버린다. 적막함을 참아내는 것이 오랜 기다림 끝에 빛을 보게 되는 중요한 과정이라는 사실을 모르는 것이 안타까울 따름이다.

| 적막함은 일종의 행복이다 |

〈적막함은 일종의 행복이다. 좁은 서재에 앉아 담배 불을 붙이고 그 연기가 천장까지 솔솔 피어오르면 방안의 공기는 호흡하는 것조차 조심스러워질 정도로 고요

해진다. 홀로 멍하니 담배연기를 바라본다. 집밖의 정원에 있는 향나무의 지다만 꽃잎과 나뭇잎 부서지는 소리가 분명하게 들린다. 처음에는 소소히 소리를 내다가 이내 가지에 부딪치는 소리가 나고 결국에는 바닥에 떨어지는 소리가 난다. 참으로 쓸쓸한 계절이다.

난 이런 적막함 속에서 잠시 고립된 존재로서의 나를 느낀다. 적막함은 깊은 산중에서만 찾을 수 있는 것이 아니다. 내면이 편안해지면 도심 속에서나 뒷골목에서도 편협함에서 벗어난 유연한 기분을 느낄 수가 있다. 상상의 날개를 달고 세속에서 벗어나다 보면 어느덧 옛 사람들과 함께 여행하고 있다. 그래서 적막함은 일종의 행복이다.

나는 일요일에도 이런 행복을 느낀다. 엄숙한 교회에 앉아 창 너머로 들어오는 한 줄기 따뜻한 빛과 진지한 피아노 소리로 마음을 깨끗이 씻어내고 나면 내 자신의 미비함이 느껴지는데, 이로써 나는 내가 존재한다는 것을 인식한다. 이는 평소에 느낄 수 없는 감정이다.

그러나 적막함은 결코 장시간 누릴 수 있는 행복이 아니다. 이 행복은 찰나에 존재한다. 세상의 많은 것들은 수시로 우리가 두 발로 땅을 딛고 서 있다는 것을 일깨워준다. 창문에 부딪치며 밖으로 나가려고 몸부림치는 파리의 모습만 봐도 그것에 정신이 빼앗겨 어느덧 외로움과 고뇌의 소용돌이에서 벗어나 있다. 세상이 뭐든지 빨리 하라고 재촉하는 통에 사람들의 몸은 녹초가 돼 버린다. 이런 상황에서 내면도 깨끗하지 못하면 마음이 심란해져 고요한 상태에 있어도 결코 고요함이 주는 행복을 누리지 못한다.

이렇게 말하니 적막함이 꼭 일종의 현실 도피 현상으로 보이는가? 사실 틀린 말도 아니다. 이전 사회에서는 은둔 생활을 하는 사람들이 사회 속에 존재하며 많은 사람들의 존경을 받았지만 현대 사회에서는 결코 불가능하다.

현대사회에는 두 종류의 인간이 있다. 현실에 뒤섞여 땅만 보고 사는 사람과 우연하게라도 하늘을 보며 숨을 쉬는 사람이다. 적막함은 신선한 공기를 공급해주는데, 호흡하고 나서는 다시 숨을 참고 현실로 돌아가야 한다. 따라서 가끔씩 하늘을 보고 숨을 쉬지 않더라도 지나치게 질책해서는 안 된다. 만약에 진실로 현실에서 도피할 수 있다면 나는 자나 깨나 그것만 바랄 것이다.

가만히 앉아 마음을 가다듬고 아무것도 생각하지 않기란 얼마나 어려운 일인가! 명상을 해 본 사람은 그 고충을 잘 알 것이다. 이는 강제로 적막한 상태에 드는 것과 마찬가지로, 내가 찬미하는 적막함의 상태는 이와 조금은 다르다. 이른바 적막함은 강제가 아니라 인연에 따라 찰나에 우연히 느끼는 것이다. 그래서 그 시간이 짧아 적막함이 금세 사라져도 슬퍼할 필요가 없다. 난 짧은 시간이라도 적막함의 행복을 누릴 것이다.〉

이 글은 중국의 저명 작가이자 영문학자인 량스치우梁實秋가 〈인민일보〉에 기재한 글이다. 사람은 누구나 적막함을 느낀다. **복잡하고 경쟁적인 사회에서 벗어나 가끔은 적막함을 느끼면서 진실한 자아를 떠올린다면 행복한 인생을 살 수 있을 것이다.**

Day 28 발전

나는 날마다 모든 면에서 더 나아지고 있다

한 청년이 골목의 어귀에 있는 상점으로 가더니, 옆에 있는 공중전화의 수화기를 들었다. "왕 회장님 댁이죠? 정원사를 모집한다고 하셔서 전화 드렸습니다. 전 정원사 경험이 풍부하기 때문에 믿고 일을 맡기실 수 있을 겁니다."

상대편에서 말했다.
"뭔가 잘못 아신 것 같은데, 회장님께서는 지금 있는 정원사에 매우 만족하십니다. 책임감 있고 열정적이고 부지런하다고요."
그러자 청년이 예의를 갖추고 말했다.
"죄송합니다. 제가 잘못 안 것 같군요."
청년이 전화를 끊자 옆에 서 있던 상점 주인이 넌지시 물었다.
"정원사 일을 찾고 있소? 우리 친척이 정원사를 구하던데 관심 있어요?"
청년이 대답했다.

"신경써주서서 감사합니다만, 사실 전 왕 회장님 댁에서 정원사로 일하고 있어요. 방금 전화한 건 제가 일을 얼마나 잘하고 있나 확인하기 위해서였어요."

주변인들의 평가를 받아들이고 자신을 변화시킬 수 있는 사람만이 진정한 행복과 만족을 얻을 수 있다.

| 흐르는 물은 썩지 않는다 |

자성自省은 '스스로 반성한다'는 뜻으로 인간만이 할 수 있는 일이다. 끊임없이 자성하는 사람은 늘 자신이 어떤 사람인지 돌아보고 최선의 선택을 하고 있는지 살피기 때문에 자신의 장단점을 잘 안다. 자성은 실수를 하지 않도록 돕는다. 수시로 자신에게 어떤 능력이 있고 무엇을 할 수 있으며 부족한 점은 없는지 자문해서 신중하게 결정하고 행동하기 때문이다.

문제가 생겼을 때, 먼저 자신의 책임을 등한시하고 남에게만 책임을 묻는 사람들이 많다. 그들은 일이 벌어지면 이렇게 말한다.

"제 잘못이 아닌데요." 자기 잘못이 아니라고 부인하는 것은 사람들이 책임을 회피할 때 사용하는 수단이다. 그래서 용서를 구할 때 자기도 모르게 이런 변명을 하기도 한다.

"일부러 그런 건 아니에요." 고의가 아니었다고 밝히는 것은 용서를 구할 때 흔히 하는 말이다. 잘못은 인정하지만 악의가 없었음을 밝히면서 책임을 덜고 싶어

한다.

"그러게 왜 안 가르쳐주셨어요." 아무도 가르쳐주지 않았다고 말하는 것은 몰랐다는 사실을 가장해 얼렁뚱땅 상황을 넘기려는 의도가 있다.

"제가 안 그랬는데요." 자기 소행이 아니라고 말하는 것은 직접적으로 잘못을 부인하는 것이다.

"원래 저는 그러려고 하지 않았는데, 다른 사람이 그래야 한다고 해서요." 다른 사람 핑계를 대는 것은 자신의 책임을 덜고 다른 사람에게 책임을 일부 전가하려는 것이다.

잘못했을 때 핑계를 대면 일단은 책임에서 어느 정도 자유로워질 수 있다. 하지만 요행으로 책임에서 벗어났기 때문에 진실로 자신이 어떤 잘못을 했는지 반성할 수는 없다. 이들에게는 더 이상 발전이 없을 것이다.

| 발전은 자신을 돌아보는 데서 시작된다 |

자성의식을 키우기 위해서는 자아반성의 습관을 길러야 한다. 아침에 일어나 저녁에 잠들기까지 하루에 거울을 몇 번이나 보는가? 거울을 보는 것은 외모를 관찰하는 자아반성의 한 가지 방법이다. 그런데 **겉으로 드러난 자아를 점검하는 것도 중요하지만 그보다 더욱 중요한 것은 내면의 자아를 점검하는 것**이다. 자신이 하루에 몇 번이나 자기 자신을 되돌아보는지 물어보라.

어느 날 갑자기 이 세상의 모든 거울이 사라져버린다고 생각해보자. 과연 어떤 결과가 생길까? 아마 얼굴이 꼬질꼬질해져도 모를 것이고 옷에 무엇이 묻어도 모를 것이다. 마찬가지로 내면을 점검하지 않으면 언행이 거칠어도 모를 것이고 행동이 점잖지 않아도 모를 것이며 마음 씀씀이가 바르지 못해도 모를 것이다. 얼마나 안타까운 일인가!

자신을 제대로 아는 것은 결코 쉬운 일이 아니다. '똥 묻은 개가 겨 묻은 개 나무란다'는 속담도 있지 않은가. 자신의 결점을 안다는 인격과 지혜가 뛰어나다는 뜻과 같다. 예를 들어, 사람들 중에는 자만이나 열등감에 빠져있는 사람들이 많다. 전자의 경우는 자신에 대한 지나친 자신감으로 스스로의 결점을 보지 못하고 후자의 경우는 심리적으로 위축돼 있어 스스로의 능력을 보지 못한다. 이처럼 자신을 바르게 평가하기는 매우 어렵다.

하지만 자신에 대해 많이 생각하고 자신이 가지고 있는 관념이나 이론을 수시로 반성하다 보면, 자신에 대한 평가가 깎이고 다듬어져 바른 관점을 가질 수 있게 된다. **매일 밤 자기 전에 하루의 행동을 돌아보고 잘못한 것은 없는지 습관적으로 생각해보고 반성하는 시간을 가져라.**

Day 29 평화

나의 마음은 햇살이 비치는
잔잔한 호수와 같이 평화롭다

록펠러는 서른세 살에 이미 백만 달러를 모았고, 마흔세 살에 세계 최고의 독점 기업인 스탠더드 오일을 설립했다. 그럼, 쉰세 살에는 무엇을 이루었을까? 불행히 그는 쉰세 살에 근심걱정의 포로가 되었다. 스트레스가 많은 우울한 생활 때문에 건강도 잃었다.

록펠러의 전기 작가인 빙클러에 따르면 쉰세 살의 록펠러는 마치 미라 같았다고 한다. "록펠러의 상황은 최악이었어요. 다른 음식은 입에도 못 대고 요구르트만 간신히 넘길 때도 있었죠."

당시 록펠러는 원인 모를 소화기 계통의 질병으로 머리카락이 심하게 빠지고 심지어 속눈썹마저도 빠져 얼굴에 털이라고는 눈썹밖에 남지 않게 되었다. 의사는 록펠러에게 신경성 탈모증이라는 진단을 내렸다. 그 뒤로 록펠러는 어쩔 수 없이 늘 모자를 쓰고 다녔는데, 오래지 않아 500달러짜리 가발을 맞추고는 평생 벗지 않았다.

원래 록펠러는 건장한 체구를 가진 사람이었다. 농장에서 자랐던지라 어깨도 넓었고 걸음걸이도 힘찼다. 하지만 인생의 최정상에 오른 쉰세 살 때는 어깨가 굽고 걸음걸이도 힘없이 비틀거렸다.

또 다른 전기 작가는 말했다. "거울 속의 그는 늘 노인의 얼굴이었습니다. 그는 쉬지 않고 일했고 신경 쓰는 일이 많아 항상 마음을 졸였으며, 수면시간이 부족했고 체력 소모가 심했어요. 운동도 거의 안 했고 휴식이 절대적으로 부족했죠. 그 결과 참혹한 대가를 치르게 되었습니다."

그는 세계 최고의 부자였지만 맛없는 몇 가지 간단한 음식으로 목숨을 연명했다. 매주 수만 달러가 넘는 수입을 올렸지만 그의 일주일치 식비는 2달러도 되지 않았다. 의사는 그에게 요구르트와 소다크래커 몇 조각만을 허락했다. 혈색이라고는 찾아볼 수 없는 피부가 간신히 뼈만 가리고 있었다. 그가 할 수 있는 것이라고는 죽지 않기 위해서 가장 좋은 약을 사먹는 것이 전부였다.

의사는 그에게 은퇴하지 않으면 남은 것은 죽음밖에 없다며, 돈과 걱정을 택하던지 아니면 생명을 택하던지 둘 중에 하나를 고르라고 엄포를 놓았다. 결국 록펠러는 은퇴를 선택했다. 걱정, 탐욕, 공포가 그의 몸을 처참하게 망가뜨린 것이 참으로 안타까울 따름이었다. 의사는 록펠러의 생명줄을 최대한 붙들어두려고 노력했다. 또한 록펠러를 위해서 세 가지 원칙을 만들었는데 록펠러는 죽을 때까지 이 원칙을 잘 지켰다.

첫째, 걱정하지 않기. 모든 상황에서 어떠한 일로도 걱정해서는 안 된다.

둘째, 마음 편하기 먹기. 야외활동과 긴장을 풀어주는 운동을 많이 한다.

셋째, 음식에 주의하기. 포만감이 들 때까지 먹지 말고 70%만 먹는다.

록펠러는 이 원칙을 철칙처럼 지킨 덕에 건강을 되찾을 수 있었다. 은퇴 후에 그는 골프를 배우고 정원을 다듬으며 시간을 보냈다. 이웃들과도 자주 어울려 수다도 떨고 카드놀이도 했다. 그는 생애 처음으로 다른 사람들을 생각하게 되었다.

록펠러는 그제야 더 이상 돈만 벌 생각을 하지 않고 돈으로 사람들을 행복하게 해줄 방법들을 생각했다. 그리고 질병과 문맹을 퇴치하기 위해서 억 만 달러가 넘는 재산으로 록펠러 재단을 세웠다. 98세에 생을 마감할 때 그의 모습은 다른 어떤 사람보다 행복해보였다고 한다.

| 조바심을 내려 놓아라 |

조바심은 일종의 심각한 정신적인 스트레스로 사람을 위축시켜 심신을 피로하게 만든다. 일이 뜻대로 되지 않는다며, 혹은 일이 잘못되지는 않을까 조바심에 가득 찬 사람들은 하루 종일 인상을 찌푸린 채 동동 발을 구른다. 뭘 해도 즐겁지 않기 때문에 그들에게는 사는 것 자체가 형벌이나 마찬가지다. 혼자만이 아니라 주변 사람들에게까지 영향을 미치는 것도 문제다.

모두가 한 번쯤 경험해 봤겠지만, 일단 한 번 조바심이 생겨나면 일에 집중하기 어렵다. 조바심에 '쫓긴다'는 표현에서도 알 수 있듯 조바심은 마치 사냥꾼처럼 당신의 마음을 궁지로 몰아간다. 조바심이 불안과 걱정을 낳으니 감정기복이 심해져 주변에까지 영향을 미칠 수밖에 없다. 마음이 급해질수록 자신만 불행해지는 것이 아니라, 가까운 이들까지 불행에 빠드릴 확률이 높아진다. 조바심의 늪에 빠진 이들은 대개 다음과 같은 문제를 가지고 있다.

첫째, 문제를 회피한다. 문제를 해결할 수 없을 때 사람들은 아예 회피하곤 한다. 하지만 그런다고 문제가 해결되는가? 이는 표면적인 회피에 불과해 문제는 여전히 짐으로 남아 상황을 더욱 힘들게 만든다. 이때 기억해야 할 것은 문제가 당초 생각했던 것보다 복잡하지 않을 수도 있다는 것이다. 이럴 경우에는 적극적인 태도를 취하면 문제를 해결할 수 있다.

둘째, 문제를 확대 해석한다. 습관적으로 걱정하는 사람들은 상황을 부풀려 생각해 불필요한 정신적 스트레스를 만든다. 원래 실제로 일어난 일은 작은 일에 불과한데, 자신이 해결할 수 없는 일일수록 스스로 일을 부풀려 큰일처럼 걱정하고 불안해한다. 이는 일어나지 않을 일까지 만들어내 힘들어하는 것과 마찬가지다. 정말 문제가 해결할 수 있는 능력의 범위를 벗어났다면 현실을 받아들이되 희망을 잃어서는 안 된다.

미국의 철학자인 윌리엄 제임스William James는 "현실을 기꺼이 받아들여라. 이는 뒤이어 닥칠 모든 불행을 극복하기 위한 첫 번째 조치다"라고 말했다. 현실을 바르게 인식하지 않으면 문제를 해결할 수 없다. 걱정은 현실을 회피하게 하고 왜곡시킨다.

다임러 크라이슬러의 회장인 켈러도 말했다. "만약에 내게 닥친 난처한 상황이 방법을 찾아서 해결할 수 있는 것이면 나는 당장 그 방법을 찾으러 갈 것이고, 할 수 없는 일이면 아예 싹 잊어버릴 것이다. 난 한 번도 미래를 걱정해본 적이 없다. 미래에 무슨 일이 일어날지 전혀 알 수 없고 미래에 영향을 줄 수 있는 요소들이 너무 많으며 또한 이런 영향들이 어디서 나오는지 분명하게 말할 수 있는 사람은 아무도 없기 때문이다. 그러니 걱정을 할 필요가 없지 않은가?"

걱정은 스스로 마음의 문을 닫기 때문에 더 문제가 된다. "그냥 나한테 신경 쓰지 마" "귀찮아"라는 말은 이런 심리를 반영한다. 마음의 문을 닫는 심리적 행위를 개선하기 위해서는 적극적으로 외부세계와 교류해야 한다. 걱정거리가 있으면 혼자 고민하며 답답해하지 말고 가족, 친구들과 상담하며 마음의 먹구름을 쫓아내야 한다.

기분이 우울할 땐 즐거웠던 때를 상상하며 가슴을 펴고 고개를 들고 웃어보라. 고민이 많은 사람들은 미처 자신을 살피지 못해 차림새가 지저분해지기 쉽다. 옷을 깔끔히 차려입고 머리를 손질해보라. 이것만으로도 기분전환이 될 것이다.

바쁘게 활동하는 것도 좋은 방법이다. 새로운 친구들을 사귀거나 힘들수록 다른 사람들을 돕는 일을 해보자. 그러면 자신의 가치를 되찾을 수 있을 뿐더러 인생에 개인의 고민보다 더욱 중요한 것이 있다는 사실을 깨달을 수 있다. 케네디는 "걱정하는 사람은 반드시 일에 몰두해야 한다. 그렇지 않으면 절망에 몸부림치게 될 것이다"라고 말했다.

살다 보면 근심이 더 이상 버티기 힘들 정도의 무거운 짐으로 느껴질 때가 있다. 이때 이 짐들을 내려놓을 수 있는 첫 번째 방법은 모든 것에 달관한 철학적인 태도를 취하는 것이다. 지금 이 일은 험난한 인생에서 보면 아주 작은 난관에 불과한 것이기 때문이다. 두 번째 방법은 행동으로 주의력을 이동시키는 것이다. 행동은 잃어버린 자신감과 에너지를 되찾게 하는 등 실질적인 성과를 만들어낸다.

| 걱정 많은 사람들을 위한 조언 |

첫째, 즐겁게 생활하라.

링컨은 "대부분의 사람들은 자신이 얼마나 즐거울 수 있는지 스스로 결정할 수 있다"고 말했다. 즐거움은 외부에 있지 않고 내면에 있다. 자신이 마음먹기 나름이다. 표정을 즐겁게 하고 옷을 근사하게 입으며 경쾌하게 말하라. 당신 안의 즐거움을 발견하게 될 것이다.

둘째, 운동하며 자신의 건강을 돌봐라.

건강에 관심을 가지고 영양을 공급하라. 건강을 남용해서도 소홀하게 대해서도 안 된다. 몸이 약해지면 마음도 함께 약해진다. 건강한 신체는 영혼의 전당이다.

셋째, 영혼을 강하게 만들기 위해 노력하라.

영혼이 시들지 않으려면 끊임없이 공부해야 한다. 자신을 위한 끊임없는 투자와 노력은 자신감을 지켜주고 세상에 적극적으로 대응하도록 해준다. 영혼을 강화시키기 위해서 하루에 세 가지의 일을 하라. 누군가를 위해서 좋은 일 한 가지를 하고, 평소에 하기 싫어했던 일 두 가지를 한다. 이렇게 하면 미루는 일이 없어 걱정이 줄어들고 영혼이 나태해지지 않는다.

넷째, 계획을 세워 하루를 열심히 살아라.

계획을 세우면 100% 실천할 순 없어도 적어도 성급하게 굴거나 우유부단해지는 일은 없을 것이다. 계획을 세우는 것만으로도 생활이 정돈되고 할 일에 대한 의욕이 생긴다. 또한 무엇 때문에 자신이 걱정을 하고 있는지 무엇이 문제인지 확실히 파악할 수 있을 것이다.

다섯째, 하루 30분이라도 혼자만의 시간을 가져라.

휴식을 해도 좋고 기도를 하거나 미래의 인생을 설계해보는 것도 좋다. 매일 고요히 자신에 대해 생각하고 기대하고 반성하는 시간을 가져라. 많은 문제를 사전에 막을 수 있게 되고 문제를 해결하는 방법을 찾을 수 있을 것이다.

Day 30 포용

너그러운 마음과 말투가 좋은 일을 부른다

어느 날 한 고객이 백화점에 찾아와서는 남편이 싫어한다는 이유로 외투를 교환해줄 것을 요구했다. 그녀는 단 한 번도 입지 않았다는 사실을 거듭 강조했다. 그런데 판매원이 살펴본 결과, 그것은 분명 드라이클리닝을 한 외투였다.

직접적으로 말하면 부인할 것이 분명한 터였다. 이미 "사놓고 한 번도 안 입었어요"라고 말한 데다가 세탁까지 해가며 철저히 새 옷처럼 위장했기 때문이었다.

눈치 빠른 판매원이 말했다.

"가족 분들 중에 이 옷을 드라이클리닝 해달라고 세탁소에 잘못 맡기신 분이 있나 봐요. 저도 그런 적이 있거든요. 새로 산 옷인데 남편이 모르고 세탁기에 넣고 돌렸지 뭐예요. 고객님 옷도 그런 게 아닌가 싶은데요. 여기 드라이클리닝을 한 흔적이 있거든요. 제가 다른 옷들과 비교해드릴게요."

고객은 명백한 증거에 더 이상 반박하지 못했다. 게다가 판매원은 자신이 창피하지 않게 상황을 수습할 수 있도록 여지까지 주었다. 결국 고객은 순순히 옷을 싸서 백화점을 나갔다.

이야기 속의 판매원이 일을 순조롭게 해결할 수 있었던 이유는 논쟁을 하지 않고 고객에게 여지를 주며 좋은 핑계를 만들어주었기 때문이다. 다른 사람에게 여지를 주는 것은 자신에게 여지를 주는 것이나 마찬가지다.

| 다른 사람들에게 여지를 주어라 |

체면을 중요하게 생각하는 사람들이 있다. 이런 사람은 자신의 체면을 위해 다른 사람을 이용하거나 무시하는 경향이 있는데, 자신의 체면뿐만 아니라 다른 사람들의 체면도 세워줄 줄 알아야 한다. 사람들에게는 모두 최후의 심리적인 방어선이 있다. 상대방에게 퇴로를 주지 않고 내려갈 계단을 주지 않으면 그 사람은 절망을 선택할 수밖에 없다. 따라서 사람들을 대하고 문제를 해결할 때는 반드시 여지를 남겨줘야 한다.

오래전 제너럴 일렉트릭사는 챨스 스타인메츠의 직책 문제로 깊은 고민에 빠진 적이 있다. 전기방면의 천재 기술자인 스타인메츠가 계산 부문을 주관했다가 철저하게 실패하고 말았기 때문이다. 하지만 제너럴 일렉트릭사는 천재인 그를 결코 해고할 수 없었다. 그래서 생각한 방법이 그에게 새로운 직함을 주는 것이었다.

그들은 스타인메츠에게 직함만 바꿔 '제너럴 일렉트릭 고문기사'라는 새로운 직함을 주고 전에 하던 일을 계속하게 했다. 스타인메츠는 매우 감사하며 열심히 일해 전보다 몇 배나 더 높은 실적을 올렸다.

다른 사람의 체면을 살려주는 것은 그 사람을 포용하는 것이다. 하지만 이 점에 주의하는 사람은 그리 많지 않다. 잔혹하게 타인의 감정을 말살하고도 자신이 무얼 잘못했는지 모르는가 하면, 사람들 앞에서 다른 사람을 비판하고 자존심에 상처를 주면서까지 굳이 자신을 높이려고 한다.

어떤 회계사는 말했다.

"사람을 해고하는 것도 재미없는 일이지만 해고를 당하는 것은 더더욱 재미없는 일이에요. 업계에 떠도는 말 중에 '도끼를 휘두르는 사람을 좋아하는 사람은 없다'는 우스갯소리가 있어요. 그렇지만 어쩔 수 없죠. 우리가 하는 일은 시기를 많이 타서 소득세 신고 기간이 지나면 사람들을 쫓아내야 해요. 그 때문인지 일자리를 찾는 사람들은 다들 무감각하게 빨리 계절이 바뀌기만을 기다리더군요. 그들이 찾아오면 보통 고용주들을 이렇게 말합니다. '앉으세요. 알다시피 성수기가 지나서는 당신에게 줄 일거리가 없어요. 당신도 우리가 성수기 때만 당신을 고용한다는 것을 알고 있겠죠?'

이런 말들은 당사자들을 실망시키고 자존심을 상하게 만듭니다. 전 경솔한 말로 사람을 해고하지 않아요. 완곡하게 말하죠. '해빗 씨, 일을 참 잘하셨습니다. 저번에 하신 일은 매우 골치 아픈 일이었는데 한 치의 실수도 없이 아주 잘 해주셨더군요. 회사가 당신을 무척 자랑스러워한다는 것을 알아주세요. 당신의 능력은 훌륭합니다. 오늘은 실망스러우시겠지만, 그 사실만은 잊지 말아주세요.' 결과가 어땠을까요? 해고당하는 사람들은 그리 기분 나빠하지 않았습니다. 적어도 자존심을 건드리진 않았으니까요. 그들은 다시 일자리가 생기거나 필요할 때 자신들을 부를 것이란 확신을 가지고 돌아갔습니다."

펜실베이니아 주의 클락이 다니는 회사에서는 이런 일이 있었다.

"어느 날 회의를 하는데 부사장님께서 생산과정의 관리를 문제 삼으시면서 민감하게 나오시는 거예요. 작정하고 생산부 총감독의 트집을 잡으려는 것처럼 말이죠. 총감독은 동료들 앞에서 망신당하기 싫었는지 물음에 대답하지 않고 가만히 있더군요. 그러자 부사장님은 대답을 안 하는 것에 더욱 화를 내시고는 그를 사기꾼이라고 욕했습니다.

이 일로 더 없이 좋던 업무관계는 완전히 무너져버렸습니다. 양심적으로 말하면 그 총감독이라는 사람은 꽤 훌륭한 직원이에요. 하지만 회사에서 더 이상 일할 수 없게 되었죠. 몇 달 뒤에 그는 다른 회사에 취직했습니다. 듣자하니 일을 아주 잘하고 있다더군요."

식품 포장회사의 시장조사원으로 일하는 마사도 비슷한 일을 겪었지만 처리 방법이 달랐기에 다른 결과를 얻을 수 있었다. 마사는 당시 신제품 생산을 위해서 시장조사를 하고 있었다. 그녀는 말했다.

"결과가 나왔을 때 미칠 것만 같았어요. 일의 계획 단계에서 있었던 일련의 실수로 결과가 죄다 잘못 나오는 바람에 일을 다시 해야 했지 뭡니까? 더욱이 보고 날짜가 얼마 안 남았던 때인지라 사장님과 이 일을 의논할 시간도 없었어요. 윗분들께서 제게 보고하라고 할 때 전 최대한 감정에 동요되지 않으려고 이를 꽉 물었어요. 싫은 소리를 들을 게 뻔했거든요. 상황이 말이 아니었던지라 전 간단하게 상황만 설명하고 다시 수정해서 다음 회의 때 보고하겠다고 말하고는 자리에 앉았습니다. 그리고 사장님의 불호령만 기다렸죠.

하지만 웬걸요. 사장님이 열심히 잘 했다고 칭찬해주시더니, 새로 계획하는 일들은 다 실수가 있게 마련이니까 다음번 회의 때는 실수하지 말고 회사에 도움이 되는 결과를 가져오라고 말씀하시지 않겠어요? 또한 제가 최선을 다했다는 것을 인정해주시면서 제게 부족한 것은 능력이 아니라 경험이라고 절 이해해주셨어요. 전 회의장을 나오면서 두 번 다시는 이런 일이 생기지 않도록 하겠다고 결심했습니다."

전기적인 프랑스의 비행 선구자이자 작가 생텍쥐페리Antoine De Saint Exupery는 이런 글을 남겼다. '나에게는 사람의 자존심을 짓밟는 말이나 행동을 할 권리가 없다. 중요한 것은 그가 어떻게 해야 한다고 내가 생각하는 것이 아니라 그가 스스로 생각하는 것이다. 타인의 자존심을 상하게 하는 것은 일종의 범죄다.'

자신의 입장을 강하게 선포했다가 체면 때문에 그 입장과 관점을 바꾸지 못하는 사람들이 있다. 이럴 땐 그 사람의 체면을 위해서 상대방에게 '계단'을 놓아줘야 한다. 예컨대 상대방에게 유리한 말로 여지를 주는 것이 좋다.

"그런 상황에서는 누구나 다 그래요."
"그때 당신이 왜 그랬는지 이해해요. 워낙에 경황이 없었잖아요."

"저도 처음에는 그렇게 생각했어요. 하지만 나중에 어떻게 된 일인지 알고 난 다음에는 제가 잘못했다는 걸 알았어요."

상대방이 틀렸을 때 여지를 주지 않으면 그 사람이 무너질 수도 있다. 다른 사람이 잘못을 인식하고 개선하도록 돕기 위해서는 그 사람의 체면을 살려주고 여지를 주어야 한다.

| 세상에 완벽한 사람은 없다 |

저명한 음악가인 토마스 재퍼슨은 얼굴이 그다지 잘생긴 편이 아니었다. 그런데 그가 부인인 마사에게 청혼할 당시에 부인에게는 또 다른 두 명의 청년이 더 따라다니고 있었다.

어느 일요일, 그 두 청년은 재퍼슨에게 모욕을 주기 위해서 마사의 집 앞에서 만나자고 했다. 그런데 그들이 마사의 집 앞에 도착했을 때, 그 주변은 온통 집안에서 흘러나오는 아름다운 바이올린 선율과 그 선율에 맞춰 노래 부르는 고운 목소리로 물들어 있었다. 결국 두 청년은 차마 마사의 집 문을 열고 들어갈 용기를 내지 못하고 그대로 떠나 다시는 돌아오지 않았다.

재퍼슨은 완벽하지 않고 남보다 뛰어나진 않았지만 바이올린과 음악에 대한 재능이 있어 마사의 사랑을 차지할 수 있었다. 재퍼슨에게 바이올린이 있다면 우리에게는 무엇이 있을까?

세상에 완벽한 사람은 없다. 하지만 그렇다고 하늘을 원망하고 사람을 탓해 다른 사람을 끌어내려서는 안 된다. 다른 사람이 부러우면 자신을 더욱 아름답게 가꾸거나 지식을 쌓고 특기를 발굴하는 등, 어떻게 해야 자신의 단점을 극복할 수 있을지 생각해봐야 한다. 사람에게는 모두 부족한 점이 있다. 아쉬움은 사람을 각성하게 하고 발전하게 하므로 오히려 좋은 일이라고 할 수 있다. '주름 없는 할머니가 가장 무섭다'는 말처럼 아쉬움 없는 과거는 인생을 단련시킬 수 없다.

쉘 실버스타인Shel Silverstein의 저서인 《어디로 갔을까, 나의 한쪽은》에는 이런 이야기가 나온다.

한 조각을 잃어버려 이가 빠진 동그라미는 자신의 한쪽을 찾아 완전한 동그라미가 되고 싶었다. 하지만 한 조각을 잃어버린 탓에 천천히 구를 수밖에 없었고, 그 덕에 길가의 꽃을 감상하고 벌레들과 이야기하며 햇빛을 쬘 수 있었다. 동그라미는 수많은 조각들을 만났지만 어느 것 하나 자신에게 꼭 들어맞는 조각이 없어 계속해서 헤매고 있었다.

그러던 어느 날 동그라미는 마침내 자신에게 꼭 맞는 조각을 찾았다. 동그라미는 매우 기뻐하며 조각을 몸에 맞추고는 완전한 동그라미가 되어 데굴데굴 굴렀다. 하지만 너무 빨리 굴러서 꽃을 볼 수도 없고 벌레들과 이야기를 할 수도 없었다. 자신의 세계가 예전과 너무나 달라졌다는 것을 발견한 순간, 동그라미는 구르기를 멈추고 찾은 조각을 다시 길가에 내려놓고는 천천히 구르기 시작했다.

사람들은 저마다 결점을 가지고 있다. 결점이 없다면 완벽한 아름다움이 무엇인지 알 수도 없다. 인생은 결점으로 가득한 여행이므로 다른 사람의 결점을 감싸주는 포용이 필요하다.

인류는 항상 현재의 사상과 환경에 만족하지 않았다. 그러기에 간단한 발명에서부터 우주선에 이르기까지, 간단한 어휘에서부터 방대한 사상체계에 이르기까지 끊임없이 발견하고 창조한 것이다. 결점이 없으면 더 이상 개선되는 일도 없다. 결점이 없는 것은 원만하다는 뜻이고 절대적인 원만함은 희망 없이 정체한다는 뜻이기도 하다. 인생에 부족함이 없이 원만하면 더 이상 추구의 발걸음을 멈추게 된다. 결점이 있기에 꿈을 꾸고 이상을 추구하는 것이 아닌가. 꿈과 희망을 위해 꾸준히 노력한다면 이미 완벽한 자아를 가진 것이나 마찬가지다.

'완벽주의가 좋지 않은가?'라고 반문하는 사람이 있을 것이다. 그러나 대답은 '그렇지 않다'이다. 사람들이 좋은 성과를 거두지 못하는 것은 능력이 모자라서가 아니라 자신이 추구하는 완벽함의 충동을 이기지 못해서이다. 일을 완벽하게 처리하려는 것은 좋다. 하지만 그러기 위해서는 먼저 객관적인 환경과 조건이 완벽해야 한다. 때문에 이런 사람들은 줄곧 행복하지 못한 기다림의 상태에 머물러 있다. 일을 하고 싶지 않아서가 아니라 모든 조건이 성숙해질 때까지 기다려야 하기 때문이다. 하지만 **아무리 기다려도 완벽한 때는 오지 않는다.** 그들은 기다림 속에서 스스로 완벽하지 못한 인생을 사는 것이다.

세상에 절대적인 완벽함은 없다. 하지만 여전히 많은 사람들은 자신의 명예에 흠집이 날까봐, 자신의 체면이 구겨질까봐 실수하는 것을 용납하지 않으며 완벽함을 추구한다. 그리고 그 결과 아무것도 이루지 못한 채 일생을 완벽을 추구하는 괴로움 속에서 보낸다. '이렇게 하는 게 맞을까?' '이렇게 해도 될까?' '괜한 모험은 하지 말아야지' 라는 생각에서 벗어나지 못한다.

지나치게 완벽을 추구하는 정서에서 벗어나지 못하면 돌아오는 것은 좌절감밖에 없다. 따라서 사람을 볼 때는 완벽함을 찾으려고 하지 말고 그의 본질과 미래의 발전 가능성을 봐야 한다. 앞으로는 '이 방법으로 한번 시도해 봐야지' '어떻게 해야 다음에 더 잘할까' '어떻게 해야 그 사람이 불평하지 않을까' 라고 생각해보자.

기억하라. **다른 사람의 결점을 감싸고 실수를 용납할 줄 아는 사람만이 발전할 수 있다!**

Day 31 감사

지금 이 순간, 사소한 모든 것에 감사한다

　부자와 가난한 농부가 행복에 대해서 논하고 있었다. 농부가 말했다. "행복은 현재이지요." 그러자 부자는 농부의 초가집과 남루한 옷을 가리키며 말했다. "지금 이게 어떻게 행복입니까? 나한텐 아흔아홉 칸짜리 기와집과 천 명의 노비가 행복이오."

　그런데 그날 밤, 부자의 집에 불이 나는 바람에 집이 모두 타버렸다. 이 틈을 타 노비들은 '얼씨구나' 하고 도망쳤고, 부자는 하룻밤 사이에 거지가 돼 버렸다.
　며칠 후 거지가 된 부자는 구걸을 하다가 농부의 집까지 이르렀다. 물을 달라고 하자 농부가 물을 한 대접 내주며 물었다.
　"지금은 행복이 무엇이라고 생각하나요?"
　거지가 된 부자는 멍하니 대답했다.

"내 손에 들린 물 한 대접이 행복이오."

| 보고 듣고 느끼는 모든 것에 감사하라 |

쇼펜하우어Arthur Schopenhauer는 말했다. "사람들은 자신이 가진 것은 못 보고 가지지 못한 것만 본다."

요즘 현대인에게 가장 필요한 것은 자신이 가진 것에 감사하는 마음을 가지는 것이다. 현대사회는 경쟁이 심해 비교에서 좀처럼 벗어날 수 없다. 그러나 남과 비교하며 더 가지지 못한 것을 한탄하는 사람이나 많이 가진 사람을 부러워만 하는 사람은 결코 행복할 수 없다.

사람은 행복할 때 자신이 얼마나 행복한지 모른다. 건강할 때는 건강의 중요성을 모르다가 죽음 앞에 놓인 환자를 보고 나서야 뒤늦게 자신이 건강하다는 사실에 감사하는 것과 마찬가지다. 불행을 겪어야 과거가 얼마나 행복한 시간이었는지 깨닫는다. 지금도 많은 사람들이 행복을 찾고 있다. 이미 행복을 소유하고 있다는 사실을 왜 모를까? 그들은 자신이 가졌던 많은 것을 잃고 나서야 그 소중함을 깨달을 것이다.

저명한 아동심리학자인 리 솔크Lee Salk 박사의 어머니는 러시아에서 성장했다. 어린 시절에 그녀는 카자흐스탄 사람들의 행패에 못 이겨 목숨을 걸고 필사적인 탈출을 했다. 건초 더미를 싣고 가는 차를 몰래 타고 하수구에 숨어들어 가까스로

항구에 도착해 미국행 배에 몸을 실었던 것이다. 솔크는 말했다.

"어머니는 가정을 이루고 배불리 먹고 살 수 있게 되었는데도 열심히 일하셨습니다. 또 늘 부족한 것보다 가진 것을 보라, 어려움 속에서도 아름다움을 즐기라고 말씀하셨고요. 아름다움은 어느 곳에나 있으니까요."

하늘이 어두워지면 별이 뜨는 법이다. 슬픈 면을 보지 말고 기쁜 면을 보고 살라! 슬플 때는 아름다운 일들을 생각하라. 우리에게는 건강한 신체와 힘이 되는 가족과 친구가 있지 않은가. 휴가나 모임과 같은 미래에 대한 계획이 있고, 보고 싶은 책이 있으며 즐겨보는 TV 프로그램이 있고 기다려지는 약속이 있지 않은가. **지금 당장 자신이 가진 것들을 종이에 적어보고 그것들을 모두 잃었을 때 자신의 인생이 어떻게 변하게 될지 생각해보라.** 자신이 가진 것들을 일일이 세어보면 자신이 얼마나 행복한 사람인지 깨달을 수 있을 것이다.

1日 30分 **행복습관**

초판1쇄 인쇄일 2011년 6월 8일 | 초판1쇄 발행일 2011년 6월 10일

지은이_수춘리, 왕옌밍 | 옮긴이_김락준 | 펴낸곳_(주)도서출판 예문 | 펴낸이_이주현

주간_이영기 | 편집_김유진·윤서진 | 디자인_배윤희 | 마케팅_채영진 | 관리_윤영조·문혜경

등록번호_제307-2009-48호 | 등록일_1995년 3월 22일 | 전화_02 765 2306 | 팩스_02 765 9306

주소_서울시 성북구 성북동 115-24 보문빌딩 2층 | 홈페이지 http://www.yemun.co.kr | isbn 978-89-5659-174-2 (13320)